J.-F. Mallet

SIMPLÍSIMO

EL LIBRO DE COCINA PARA ESTUDIANTES + FÁCIL DEL MUNDO

LAROUSSE

M9

Cuando uno acaba de trasladarse a su primer piso de estudiantes, cocinar todos los días no es fácil, sobre todo si se dispone de pocos utensilios (o de ninguno) y de poco espacio. Para no morir de hambre ni alimentarse exclusivamente de platos preparados (o solo de cereales), ni tampoco tener que gastar el escaso presupuesto en restaurantes de comida rápida, he reunido 100 recetas de cocina rápidas y ultrafáciles.

Con una placa eléctrica, un minihorno o un microondas y sin ningún otro utensilio, ¡veréis cuántas cosas se pueden preparar! No hace falta disponer de balanza, de vaso medidor, de robot o de batidora. Solo se precisa lo siguiente: un vaso y una cuchara para medir, un cuchillo y unas tijeras para cortar y un tenedor para aplastar. En cuanto a la batería de cocina, se limita a una sartén, una bandeja para el horno, una cacerola, un cuenco y un recipiente apto para microondas.

También he tenido en cuenta que el presupuesto de los estudiantes es muy limitado. Por ello me he planteado crear platos que no cuesten más de 2 euros por ración. He calculado los precios de cada receta haciendo el promedio de los precios aplicados por las diferentes marcas. Sin embargo, se trata solo de indicaciones, ya que, según los comercios, su localización y las marcas, los precios se pueden duplicar.

También he intentado incluir platos para todos los gustos, desde menús tipo comida rápida, pero con productos de calidad y menos grasos, hasta platos tradicionales como los de mamá —albóndigas con tomate o un estofado de ternera a la sartén—, así como recetas más ligeras y equilibradas.

Por último, como todos los demás títulos de la colección *Simplísimo,* este libro es tan fácil de usar como sus célebres «modo de empleo»: entre 1 y 5 ingredientes por receta, productos fáciles de encontrar, incluso en la tienda de la esquina, ausencia de técnicas complejas y poquísimos utensilios.

¡Y ya no me queda más que desearos buen provecho!

MODO DE EMPLEO

Material básico

Para este libro partimos de la base de que en casa disponéis de:

- Agua corriente
- Nevera
- Una placa eléctrica
- Un minihorno o un horno clásico
- Un microondas
- Una sartén y una cacerola
- Un vaso de 10 cl (vaso pequeño)
- Una cuchara sopera y una cucharita para medir
- Una bandeja para hornear
- Una ensaladera, un cuenco, un recipiente y tazas aptos para microondas
- Un cuchillo bien afilado (para cortar lonchas muy finas también se puede utilizar un cúter)
- Unas tijeras
- Un rollo de papel sulfurizado y otro de film transparente
- Sal y pimienta
- Aceite

(Si no es así, ¡este es el momento de invertir en alguno de estos utensilios!)

¿Qué ingredientes son indispensables?

- **4 bases simples y rápidas para acompañar tus platos:** patatas, arroz, sémola y pastas para cocer en el microondas.
- **Algunas conservas básicas:** de verduras (champiñones, pisto, chucrut, corazones de palmito, maíz), legumbres (garbanzos, alubias pintas, alubias blancas en tomate), pescado (atún al natural, en aceite y sardinas), sin olvidar los siempre imprescindibles tomate troceado, tomate pelado, coulis de tomate y leche de coco.
- **Algunas especias:** curri (o colombo, que es una mezcla de especias), comino, pimentón...
- **Algunas hierbas:** preferiblemente frescas, pero siempre (o casi siempre) puedes recurrir a las hierbas secas.
- **Algunos condimentos:** kétchup, mayonesa, mostaza...

¿Qué priorizar si tu presupuesto es reducido?

• **En cuanto a la carne:** el cerdo (en todas sus formas) es la más asequible, así como la carne picada y las carnes blancas.

• **Las verduras frescas o su versión congelada:** entre las frescas, opta por las de temporada, ¡y aprovecha las ofertas!

¿Qué acciones realizar?

• **Utilizar un vaso de 10 cl (un vaso pequeño), una cuchara sopera y una cucharita:** para medir las cantidades sin necesidad de usar una balanza.

• **Cortar las hierbas con unas tijeras:** las tijeras del cajón de los cubiertos serán perfectas para cortar las hierbas frescas sin estropearlas, así como los merguez o los rollitos de primavera en trocitos o para servir porciones de pizza en un tiempo récord.

• **Usar un cúter:** si no dispones de un cuchillo bien afilado, para cortar las verduras en lonchas finas.

¿Qué termostato?

• Para las cocciones en el microondas, procura respetar la potencia aconsejada y utilizar platos adaptados. En las recetas que se preparan con minihorno, las temperaturas que se indican en el texto se refieren a este electrodoméstico. Si utilizas un horno clásico, no te olvides de precalentarlo y seguir las indicaciones de temperatura que aparecen junto a la primera imagen.

90 °C: term. 3	150 °C: term. 5	210 °C: term. 7	270 °C: term. 9
120 °C: term. 4	180 °C: term. 6	240 °C: term. 8	300 °C: term. 10

Esto es todo.
Por lo demás, ¡solo tienes que seguir las indicaciones de lasrecetas!

PATATAS AL MICROONDAS

Microondas:
15 min

Patatas
x 4 (medianas)

Agua
2 vasos

Preparación: 1 min

0,30 €/pers.

• Pela las **patatas** y córtalas en trozos. Ponlas en un recipiente grande apto para microondas con 2 vasos de **agua,** cubre con film transparente y cuécelas durante 15 min en el microondas a 800 W de potencia.

SÉMOLA AL MICROONDAS

Microondas:
1 min

Sémola fina
2 vasos

Agua
2 vasos

Preparación: 1 min

0,10 €/pers.

- Pon la **sémola** con 2 vasos de **agua** en un recipiente grande apto para microondas.
- Cuécela 1 min en el microondas a 800 W de potencia.

ARROZ AL MICROONDAS

Microondas:
20 min

Arroz
2 vasos

Agua
4 vasos

Preparación: 1 min

0,10 €/pers.

- Pon el **arroz** con 4 vasos de **agua** en un recipiente grande apto para microondas.
- Cubre con film transparente y cuécelo 20 min en el microondas a 800 W de potencia.

PASTA AL MICROONDAS

Macarrones
5 vasos

Agua
6 vasos

(para un plato único)

Cocción: 15 min

• Mezcla la **pasta** y los vasos de **agua** fría en un recipiente para microondas y luego cuécela 15 min en el microondas a 800 W de potencia. Escúrrela y degusta.

Farfalle
6 vasos

Agua
6 vasos

(para un plato único)

Cocción: 15 min

• Mezcla la **pasta** y los vasos de **agua** fría en un recipiente para microondas y luego cuécela 15 min en el microondas a 800 W de potencia. Escúrrela y degusta.

Codos
3 vasos

Agua
4 vasos

(para un plato único)

Cocción: 15 min

• Mezcla la **pasta** y los vasos de **agua** fría en un recipiente para microondas y luego cuécela 15 min en el microondas a 800 W de potencia. Escúrrela y degusta.

Macarrones
4 vasos

Agua
5 vasos

(para un plato único)

Cocción: 15 min

• Mezcla la **pasta** y los vasos de **agua** fría en un recipiente para microondas y luego cuécela 15 min en el microondas a 800 W de potencia. Escúrrela y degusta.

TERRINA PARA EL APERITIVO

Minihorno:
1 h
Horno clásico:
1 h a 200 °C

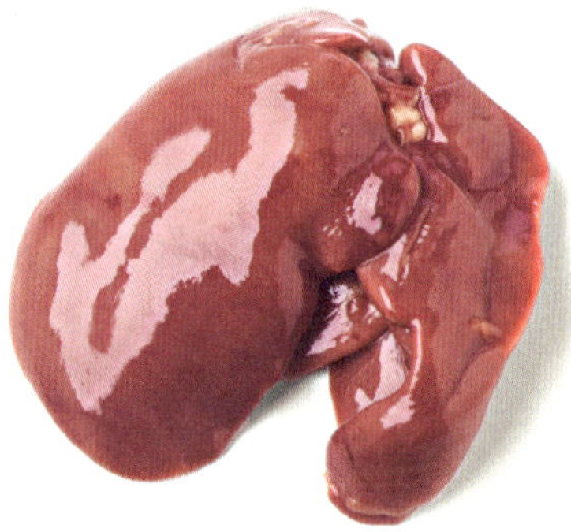

Hígados de ave
x 6 (200 g)

Hierbas de Provenza
2 cucharadas

Carne picada
200 g

Huevo
x 1

Sal y pimienta

Para un aperitivo para 4

Preparación: 5 min

Refrigeración: 12 h

0,80 €/pers.

• Corta los **hígados** en trocitos pequeños. Salpimiéntalos y mézclalos con la **carne picada,** el **huevo** y las **hierbas de Provenza.** Compacta bien en una bandeja para gratinar y hornea durante 1 h a 230 °C, con calor arriba y abajo.

• Reserva en un lugar fresco durante 12 h antes de degustar.

APERITIVO PARA 2

Minihorno:
25 min
Horno clásico:
25 min a 200 °C

Bolitas de patata
x 10 (congeladas)

Tomates cherry
x 5

Jamón serrano
1 loncha

Preparación: 5 min

0,40 €/pers.

- Hornea las **bolitas de patata** 25 min a 230 °C, con calor arriba y abajo. Corta los **tomates cherry** por la mitad y el **jamón** en 10 trozos.
- En 10 brochetas, monta: 1 **bola de patata,** ½ **tomate cherry** y un trozo de **jamón serrano.**

PATATAS CHIP CASERAS AL MICROONDAS

Microondas:
30 s

Patata
x 1 (grande)

Aceite de sabor neutro
1 cucharada

Sal

Preparación: 5 min

0,10 €/pers.

- Lava la **patata,** sécala y córtala en láminas finas con un cuchillo (o un cúter) y mézclalas con el **aceite.**
- Extiéndelas sobre el plato del microondas forrado con papel sulfurizado, sin que se solapen, y hornéalas 30 s a 800 W de potencia. Repite hasta que todas las patatas estén cocidas. Añade sal y degusta.

RILLETTES DE SARDINAS

Sardinas en aceite
1 lata

Queso fresco en porciones
x 2

Curri
1 cucharadita

Baguette
x ¼

Preparación: 3 min

0,60 €/pers.

- Desmenuza las **sardinas** con un tenedor junto con la mitad de su **aceite,** el **queso fresco** y el **curri.**
- Dispón en la lata y degusta con unas rebanadas de **baguette.**

ROLLITOS DE ATÚN PARA APERITIVO

Atún al natural
1 lata (130 g)

Mayonesa
1 cucharada

Brotes de espinacas
tres puñados (pequeños)

Cilantro
4 ramitas

Obleas de arroz
x 3 (grandes)

Sal y pimienta

Preparación: 10 min

1,20 €/pers.

• Escurre el **atún,** desmenúzalo y mézclalo con la **mayonesa.** Salpimienta. Pica a mano el **cilantro** y los **brotes de espinacas**.

• Pon las **obleas** en agua, con el lado liso hacia abajo. Reparte los **brotes de espinacas,** luego el **atún** y el **cilantro** sobre las **tortas** y enróllalas bien apretadas. Corta los rollitos con unas tijeras y degusta.

TOMATES FRESCOS CON PEPINO

Tomates
x 2

Yogur griego
x 1

Pepino
x ⅛

Hojas de menta
x 10 (o 1 cucharada de hojas secas)

Sal y pimienta

Preparación: 5 min

0,55 €/pers.

- Lava el **pepino** y córtalo en dados pequeños. Corta la **menta** con las tijeras. Mezcla con el **yogur,** sazona con sal y sirve.
- Corta la parte superior de los **tomates,** vacíalos y rellénalos con la preparación a base de **pepino.**
- Sírvelos muy fríos.

ENSALADA DE MELÓN Y PALMITO

Melón cantalupo
x 1

Semillas de sésamo
2 cucharadas

Corazones de palmito
x 2

Aceite de sésamo
2 cucharaditas

Cilantro
2 ramitas

Sal y pimienta

Preparación: 5 min

1,80 €/pers.

- Vacía el **melón** y corta la carne en trozos.
- Mézclala con los **corazones de palmito** en rodajas, el **cilantro** deshojado y el **aceite de sésamo.** Salpimienta y sirve en el interior del **melón.**
- Esparce **semillas de sésamo** y degusta.

ROLLITOS DE PRIMAVERA AL SURIMI

Rúcula
cuatro puñados (pequeños)

Obleas de arroz
x 4 (grandes)

Pepino
x ¼

Surimi
12 palitos

Menta
20 hojas

Preparación: 10 min

1,35 €/pers.

- Corta el **pepino** en bastoncitos y parte la **rúcula** y la **menta** a mano en trozos grandes. Pon las **obleas** en agua, con el lado liso hacia abajo. Reparte los ingredientes sobre las **obleas** y enróllalas apretándolas bien.
- Degusta los rollitos enteros o en trocitos.

ROLLITOS DE POLLO Y CACAHUETE

Microondas:
4 min

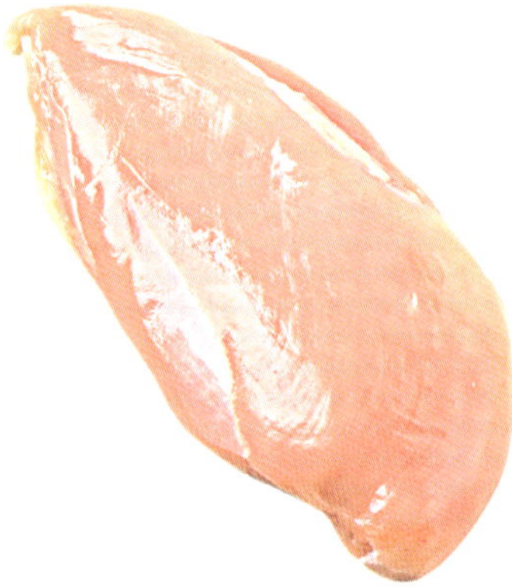

Pechuga de pollo
x 1

Mantequilla de cacahuete
2 cucharadas

Obleas de arroz
x 4 (grandes)

Ensalada variada
cuatro puñados (pequeños)

Salsa de soja
1 cucharada

Preparación: 10 min

1,50 €/pers.

- Mezcla el **pollo** en trocitos con 1 cucharada de **mantequilla de cacahuete** y cuécelo 3 min en el microondas a 800 W de potencia. Reparte los ingredientes sobre las **obleas** en remojo y enróllalas apretándolas bien.
- Calienta 1 min en el microondas la **salsa de soja,** la **mantequilla de cacahuete** restante y 1 vaso de agua. Degusta con la salsa.

TABULÉ A LA SANDÍA

Microondas:
1 min

Sémola
1 vaso

Sandía
1 trozo (400 g)

Rábanos rosados
x 8

Hojas de albahaca
x 20 (o 2 cucharadas de albahaca seca)

Sal y pimienta

3 cucharadas de aceite de oliva

Preparación: 5 min

0,65 €/pers.

- Mezcla la **sémola** con 1 vaso de agua en un recipiente para microondas y cuécela 1 min en el microondas a 800 W de potencia.
- Deja enfriar y añade la **sandía** cortada en dados, el **rábano** en láminas, las hojas de **albahaca** y 3 cucharadas de **aceite de oliva.**
- Salpimienta y remueve.

PATATA AL SALMÓN

Microondas:
10 min

Salmón ahumado en dados
2 cucharaditas

Patata
x 1 (grande)

Hojas de menta
x 4 (o 1 cucharadita de menta seca)

Yogur griego
x 1

Sal y pimienta

Preparación: 2 min

1,25 €/pers.

- Lava la **patata** y ponla en un cuenco, cubre con film transparente y cuécela 10 min en el microondas a 800 W de potencia.
- Mezcla la **menta** cortada con las tijeras con el **yogur** y el **salmón,** y salpimienta.
- Corta la **patata** caliente por la mitad, añade la preparación anterior y degusta de inmediato.

ENSALADA DE BERENJENA A LA GRIEGA

Microondas:
10 min

Tomates
x 2

Berenjena
x 1

Orégano seco
1 cucharada

Feta
½ paquete (100 g)

Aceite de oliva
2 cucharadas

Sal y pimienta

Preparación: 5 min

1,10 €/pers.

- Corta la **berenjena** en trozos, ponlos en un recipiente para microondas, cubre con film transparente y cuécela 10 min en el microondas a 800 W de potencia. Deja enfriar.
- Mezcla la **berenjena** con los **tomates** cortados en trozos, el **feta** desmenuzado grueso, el **orégano** y 2 cucharadas de **aceite de oliva.** Salpimienta y degusta.

TOSTADAS CON JAMÓN Y ALBARICOQUE

Minihorno:
15 min
Horno clásico:
15 min a 200 °C

Albaricoques
x 2

Pan de hogaza
2 rebanadas

Jamón serrano
2 lonchas

Parmesano en virutas
2 cucharadas

Pimienta

Preparación: 5 min

1,70 €/pers.

- Coloca las lonchas de **jamón** sobre las rebanadas de **pan.**
- Añade los **albaricoques** cortados en cuartos y el **parmesano.**
- Sazona con pimienta y hornea 15 min a 230 °C, con calor arriba y abajo.
- Degusta con una ensalada.

TOSTADAS GRATINADAS CON VERDURAS

Minihorno:
20 min
Horno clásico:
20 min a 200 °C

Baguette
x ¼

Tomate
x 1

Queso para raclette
4 lonchas

Calabacín
x ½

Hierbas de Provenza
1 cucharadita

Preparación: 5 min

0,90 €/pers.

- Corta el **tomate** y el **calabacín** en láminas finas y la **baguette** por la mitad.
- Reparte las verduras y el **queso para raclette** sobre las tostadas de **baguette.** Añade las **hierbas de Provenza.**
- Hornea 20 min a 230 °C, con calor arriba y abajo.
- Degusta con una ensalada.

PIZZA DE TOSTADA

Minihorno:
15 min
Horno clásico:
15 min a 200 °C

Tomate
x 1

Pan de hogaza
2 rebanadas

Hojas de albahaca
x 6 (o 1 cucharada de hojas secas)

Mozzarella
x 1

Sal y pimienta

Preparación: 5 min

1,25 €/pers.

- Corta la **mozzarella** y el **tomate** en rodajas y repártelos sobre las rebanadas de **pan** con la **albahaca**.
- Salpimienta y hornea 15 min a 230 °C, con calor arriba y abajo.
- Degusta con una ensalada.

TOSTADAS CON PERA Y TOCINO

Minihorno:
10 min
Horno clásico:
10 min a 200 °C

Pera
x 1

Tocino en tiras
½ paquete (50 g)

Pan de hogaza
2 rebanadas

Parmesano en virutas
2 cucharadas

Pimienta

Preparación: 5 min

1,05 €/pers.

- Pela la **pera,** córtala en láminas y disponlas sobre las rebanadas de **pan.**
- Añade el **tocino** y el **parmesano,** sazona con pimienta y hornea 10 min a 230 °C, con calor arriba y abajo.
- Degusta con una ensalada.

PATATAS AL MICROONDAS

Microondas:
8 min

Patatas
x 4 (medianas)

Pimentón
1 cucharada

Queso cheddar rallado
un puñado

Sal y pimienta

4 cucharadas de aceite

Preparación: 5 min

0,60 €/pers.

- Lava las **patatas,** córtalas en cuartos y mézclalas con 4 cucharadas de **aceite** y el **pimentón.** Salpimienta y ponlas en el plato del microondas cubierto con una hoja de papel sulfurizado, y cuécelas 3 min a 800 W de potencia.
- Añade el **cheddar** y prosigue la cocción otros 5 min.

MAC' & CHEESE AL MICROONDAS

Microondas:
15 min

Macarrones
4 vasos

Leche
5 vasos

Queso cheddar rallado
dos puñados

Harina
1 cucharada

Sal y pimienta

Preparación: 3 min

0,55 €/pers.

- Mezcla la **harina** y la **leche** en un recipiente para microondas. Añade los **macarrones** y la mitad del **cheddar.** Salpimienta y remueve.
- Hornea 10 min en el microondas a 800 W de potencia. Agrega el **cheddar** restante, cuece otros 5 min y degusta.

RAVIOLIS AL PIMENTÓN

Microondas:
15 min

Raviolis frescos
1 paquete (con jamón)

Pimentón
1 cucharada

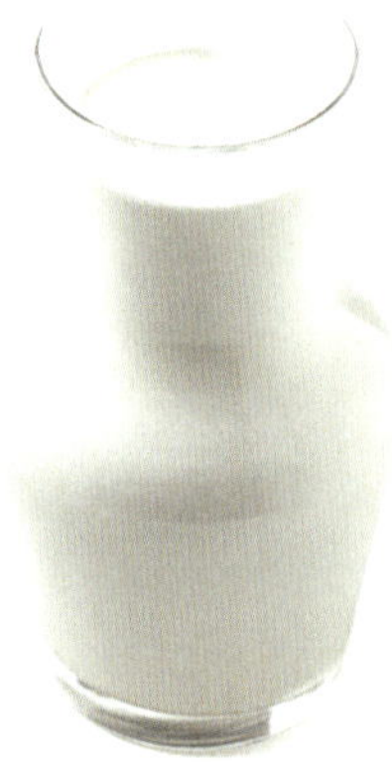

Crema de leche
1 vaso

Sal

Preparación: 5 min

1,30 €/pers.

- Mezcla los **raviolis** con la **crema de leche,** el **pimentón** y 1 vaso de agua en un recipiente para microondas.
- Cubre con film transparente y cuece 15 min en el microondas a 800 W de potencia.

MACARRONES A LA CARBONARA

Microondas:
15 min

Macarrones
5 vasos

Huevo
1 yema

Tocino
1 paquete (100 g)

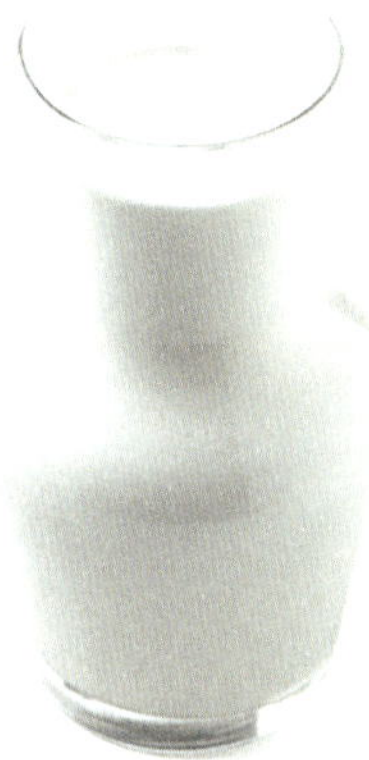

Crema de leche
5 vasos

Parmesano
1 cucharada

Sal y pimienta

Preparación: 3 min

1,10 €/pers.

- Mezcla la **pasta** con el **tocino,** 4 vasos de **crema de leche,** el **parmesano** y 1 vaso de agua en un recipiente para microondas. Salpimienta.
- Cuece 15 min en el microondas a 800 W de potencia. Añade la **yema** y el último vaso de **crema de leche,** remueve y degusta.

GRATÉN DE MACARRONES AL JAMÓN

Microondas:
20 min

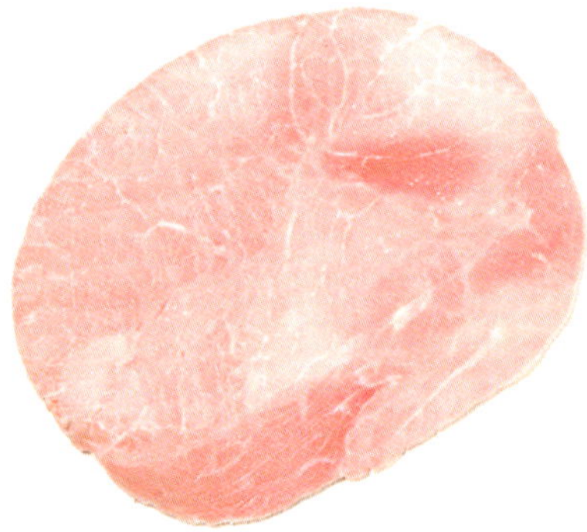

Jamón de York
2 lonchas

Macarrones
4 vasos

Queso rallado
dos puñados

Crema de leche
4 vasos

Sal y pimienta

Preparación: 3 min

0,80 €/pers.

- Pon los **macarrones,** el **jamón** cortado en trozos, la **crema de leche,** la mitad del **queso rallado** y 1 vaso de agua en un recipiente apto para microondas. Salpimienta y remueve.
- Hornea 15 min en el microondas a 800 W de potencia. Añade el **queso rallado** restante y cuece otros 5 min. Degusta.

MACARRONES A LA BOLOÑESA

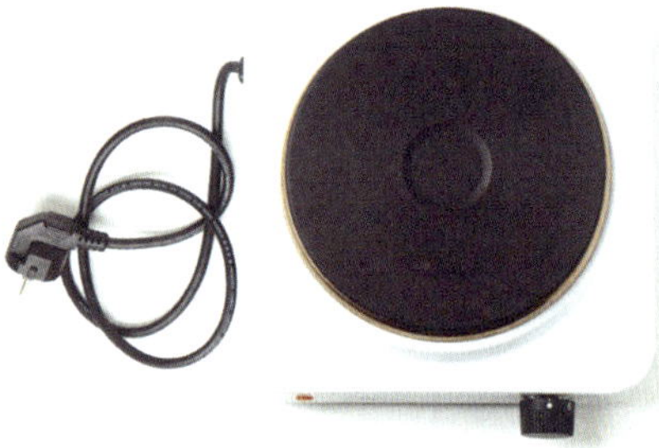

Placa:
40 min

Macarrones
4 vasos

Hamburguesa
x 2 (o 200 g de ternera picada)

Parmesano
5 cucharadas

Tomate triturado
1 bote pequeño (400 g)

Cebolla
x 1

Sal y pimienta

aceite de oliva

Preparación: 5 min

2 € €/pers.

- Cuece los **macarrones** (*al dente*) en agua hirviendo con sal. Forma 6 albóndigas mezclando la **carne** con 3 cucharadas de **parmesano.**
- Saltéalas 15 min en una sartén con 1 cucharada de **aceite** y la **cebolla** picada. Vierte el **tomate triturado** y deja cocer 15 min.
- Añade los **macarrones,** remueve, espolvorea el **parmesano** restante, agrega un poco de pimienta y degusta.

PASTA AL PARMESANO Y A LA PIMIENTA

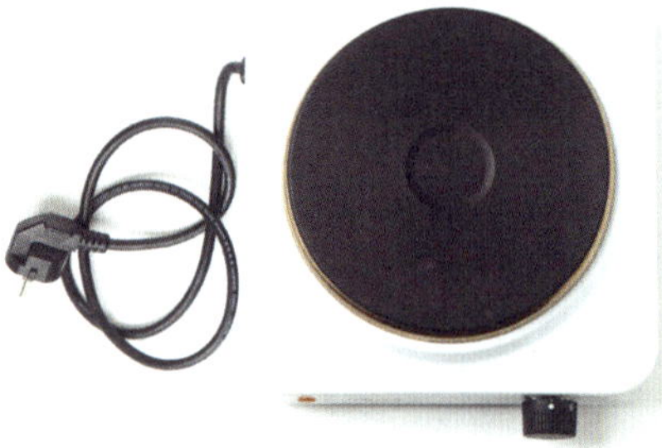

Placa:
15 min

Macarrones
4 vasos

Crema de leche
2 vasos

Parmesano en virutas
1 bote (80 g)

Pimienta mignonnette
1 cucharada

Sal

Aceite de oliva

Preparación: 5 min

1,35 €/pers.

- Cuece los **macarrones** (*al dente*) en agua hirviendo con sal. Escúrrelos y ponlos en una sartén con 1 cucharada del agua de la cocción, la **crema de leche,** el **parmesano** y la **pimienta mignonnette.**
- Mezcla y deja cocer 5 min a fuego vivo, removiendo. Degusta de inmediato con un chorrito de **aceite de oliva.**

FIDEOS CON POLLO Y SÉSAMO

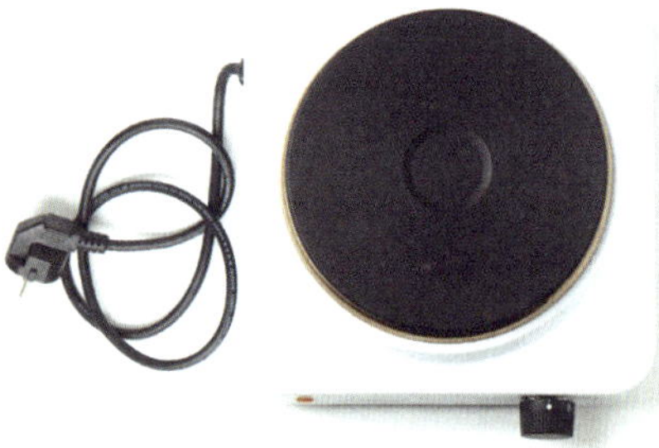

Placa:
10 min

Fideos deshidratados
1 paquete (+ condimento)

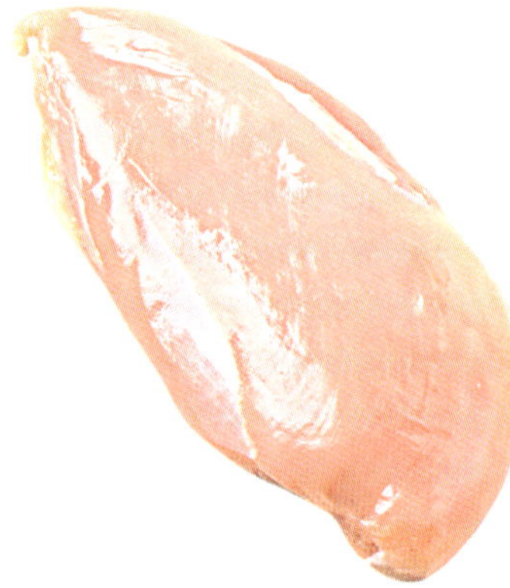

Pechuga de pollo
x 1

Pimiento rojo
x ½

Cilantro
2 ramitas

Semillas de sésamo
1 cucharada

Preparación: 5 min

Reposo: 5 min

1,10 €/pers.

- Pon los **fideos,** el **condimento,** el **pollo** y el **pimiento** cortado en trozos y 4 vasos de agua en una sartén.
- Cuando empiece a hervir, deja cocer 5 min.
- Fuera del fuego, deja que los **fideos** aumenten de tamaño durante 5 min.
- Añade el **cilantro** y las **semillas de sésamo,** remueve y degusta.

TORTELLINIS CON MANTEQUILLA DE ROMERO

Placa:
5 min

Tortellinis frescos
1 paquete (ricotta y espinacas)

Parmesano
1 cucharada

Mantequilla
25 g

Ramitas de romero
x 2 (o 1 cucharada de hojas secas)

Sal y pimienta

Preparación: 5 min

1,05 €/pers.

- Pon la **mantequilla,** los **tortellinis,** el **romero** deshojado, el **parmesano** y 1 vaso de agua en una sartén y deja cocer 5 min, removiendo hasta que se haya absorbido el jugo de cocción.
- Salpimienta y degusta.

ESPAGUETIS A LA CARBONARA CON CHORIZO

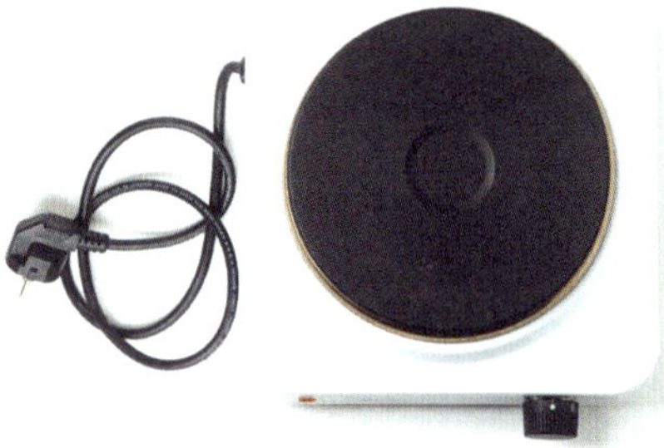

Placa:
16 min

Espaguetis
un puñado (160 g)

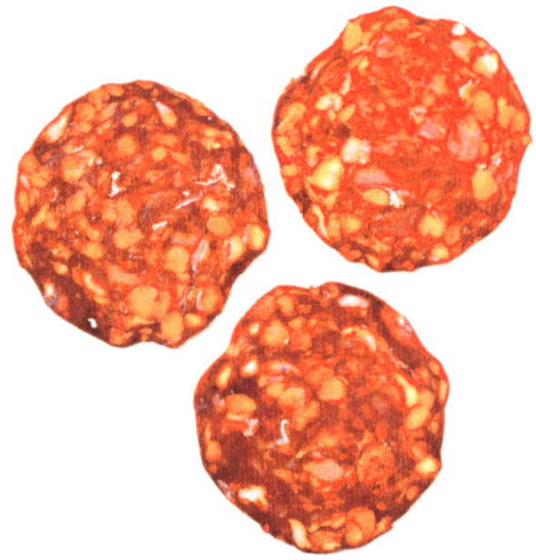

Chorizo
4 lonchas

Huevos
1 yema

Parmesano
1 cucharada

Crema de leche
1 vaso

Sal y pimienta

Preparación: 5 min

0,50 €/pers.

- Cuece los **espaguetis** (*al dente*) en agua hirviendo con sal. Escúrrelos y ponlos en una sartén, añade 2 cucharadas del agua de la cocción y las lonchas de **chorizo** cortadas por la mitad.
- Remueve y deja cocer 5 min. Agrega la **crema de leche,** el **parmesano** y la **yema de huevo,** y deja cocer otros 30 s, removiendo.
- Sazona con pimienta y degusta de inmediato.

FIDEOS CON BUEY Y ALBAHACA

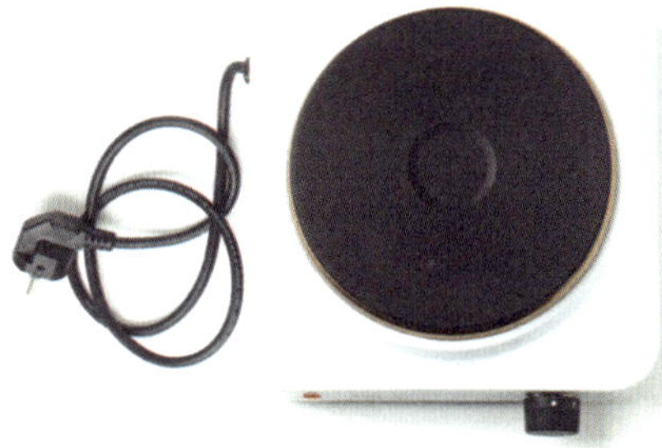

Placa:
10 min

Carpaccio de buey
100 g

Fideos deshidratados
1 paquete (+ condimento)

Ramitas de albahaca
x 2 (o 1 cucharada de hojas secas)

Corazón de palmito
x 1

Zanahoria rallada
un puñado

Preparación: 5 min
Reposo: 5 min

1,55 €/pers.

- Pon los **fideos,** el **condimento,** el **carpaccio,** el **corazón de palmito** cortado en rodajas y 4 vasos de agua en una sartén.
- Cuando empiece a hervir, deja cocer 5 min.
- Fuera del fuego, deja que los **fideos** aumenten de volumen durante 5 min.
- Añade la **zanahoria rallada** y la **albahaca,** remueve y degusta.

JAMBALAYA AL MICROONDAS

Microondas:
20 min

Salchichas ahumadas
x 2

Arroz
2 vasos

Curri
1 cucharada

Maíz
1 bote (pequeño, 115 g)

Surimi
4 palitos

Sal y pimienta

Preparación: 5 min

1,15 €/pers.

• Corta las **salchichas** y el **surimi** en trozos. Mézclalos con el **arroz,** el **maíz,** el **curri** y 4 vasos de agua en un recipiente apto para microondas.

• Cuece 20 min en el microondas a 800 W de potencia. Salpimienta y degusta.

CALAMARES EN SU TINTA AL MICROONDAS

Microondas:
20 min

Calamares
x 2 (con su tinta)

Ajo en polvo
1 cucharadita

Orégano
1 cucharadita

Arroz
2 vasos

Sal y pimienta

Aceite de oliva

Preparación: 5 min

2 €/pers.

- Corta los **calamares** en trozos y mézclalos con el **orégano,** el **ajo,** la **tinta,** el **arroz** y 4 vasos de agua en un recipiente apto para microondas.
- Hornea 20 min al microondas a 800 W de potencia.
- Salpimienta y degusta con un chorrito de **aceite de oliva.**

CUSCÚS AL MICROONDAS

Microondas:
15 min

Merguez
x 4

Calabacín
x 1

Pimiento rojo
x 1

Garbanzos
1 vaso (80 g)

Ras al-hanout
1 cucharada

Sal y pimienta

Preparación: 5 min

1,10 €/pers.

- Corta el **calabacín,** el **pimiento** y los **merguez** en trozos. Ponlos en un recipiente apto para microondas con 2 vasos de agua, los **garbanzos** y el **ras al-hanout**. Salpimienta y cubre con film transparente.
- Cuece 15 min en el microondas a 800 W de potencia.
- Sirve con sémola cocida en el microondas.

TAJÍN AL MICROONDAS

Microondas:
20 min

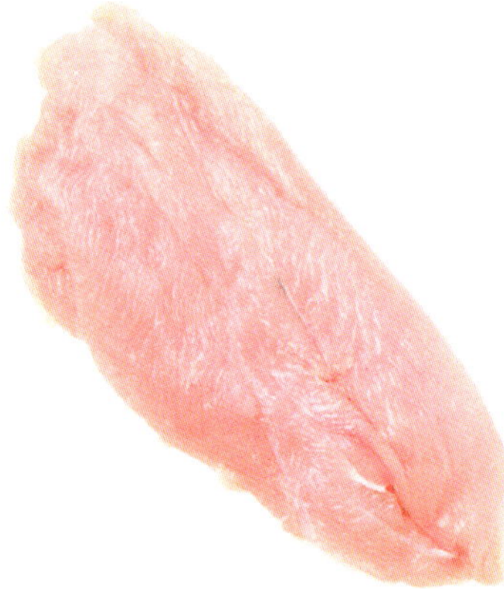

Pechuga de pavo
x 2

Calabacín
x 1

Patatas
x 2 (medianas)

Semillas de comino
1 cucharada

Limón en conserva
x 1

Sal y pimienta

Preparación: 5 min

2 €/pers.

- Pon las **pechugas,** el **limón,** el **calabacín** y las **patatas** cortadas en trozos con 1 vaso de agua y las **semillas de comino** en un recipiente para microondas.
- Salpimienta, cubre con film transparente y cuece 20 min en el microondas a 800 W de potencia.

CURRI DE VERDURAS AL MICROONDAS

Microondas:
10 min

Coliflor
x ¼

Guisantes
2 vasos (congelados)

Rábanos rosas
x 10

Curri
1 cucharada

Leche de coco
2 vasos

Preparación: 5 min

1 €/pers.

• Corta los **rábanos** y la **coliflor** en trozos. Mézclalos con los **guisantes,** el **curri** y la **leche de coco** en un recipiente apto para microondas.
• Cuece 10 min en el microondas a 800 W de potencia.
• Degusta con arroz cocido en el microondas.

CHUCRUT AL MICROONDAS

Microondas:
20 min

Chucrut cocido
400 g

Patatas
x 2 (grandes)

Salchicha ahumada
x 2

Panceta ahumada
2 lonchas (finas)

Cerveza
25 cl (rubia)

Sal y pimienta

Preparación: 5 min

1,90 €/pers.

- Corta las **salchichas** por la mitad a lo largo y enróllalas con ½ loncha de **panceta.** Pon en un recipiente apto para microondas el **chucrut,** las **salchichas** con la **panceta** y las **patatas** peladas y cortadas por la mitad.
- Salpimienta y añade la **cerveza.** Cuece 20 min en el microondas a 800 W de potencia.

ALBÓNDIGAS CON TOMATE AL MICROONDAS

Microondas:
5 min

Tomate triturado
2 vasos

Orégano seco
1 cucharada

Hamburguesa
x 2 (o 200 g de ternera picada)

Parmesano
3 cucharadas

Sal y pimienta

Aceite de oliva

Preparación: 2 min

1,80 €/pers.

- Mezcla la **carne** con 2 cucharadas de **parmesano** y el **orégano.** Forma 6 albóndigas.
- Ponlas con el **tomate triturado** en un recipiente para microondas y espolvorea con el **parmesano** restante. Salpimienta y cuece 5 min en el microondas a 800 W de potencia.
- Vierte un chorrito de **aceite de oliva.** Degusta con sémola cocida en el microondas.

CURRI VERDE DE POLLO AL MICROONDAS

Microondas:
10 min

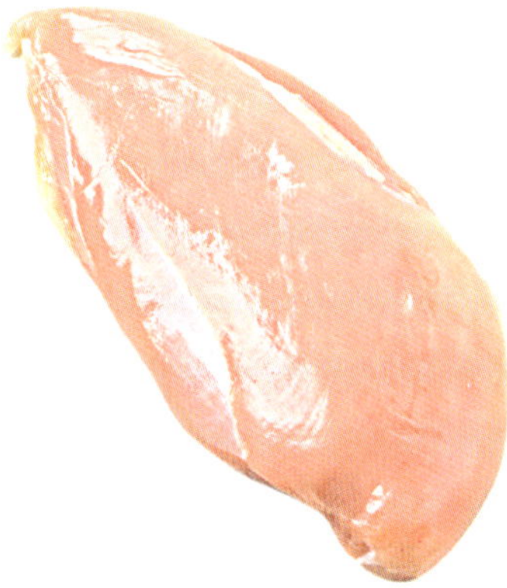

Pechugas de pollo
x 2

Brotes de espinacas
dos puñados

Curri
1 cucharada

Leche de coco
2 vasos

Sal y pimienta

Preparación: 2 min

1,60 €/pers.

- Corta las **pechugas de pollo** en trozos y mézclalas con los **brotes de espinacas,** la **leche de coco** y el **curri** en un recipiente para microondas.
- Cubre con film transparente y cuece 10 min en el microondas a 800 W de potencia.
- Salpimienta, remueve y degusta con arroz o pasta cocidos en el microondas.

HACHIS PARMENTIER AL MICROONDAS

Microondas:
20 min

Hamburguesas
x 2 (o 200 g de ternera picada)

Queso rallado
un puñado

Patatas
x 2 (grandes)

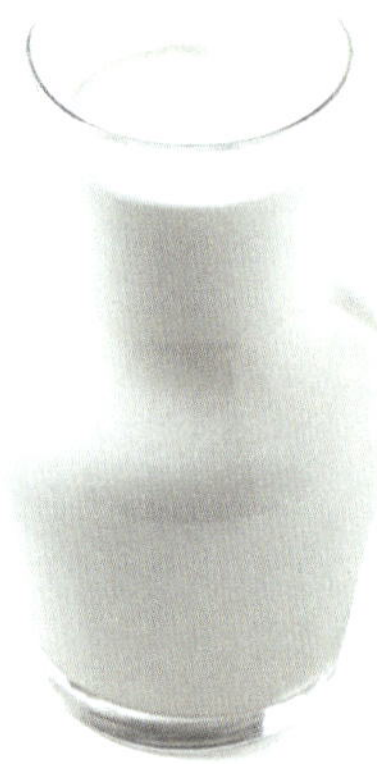

Crema de leche
2 vasos

Pimienta

Preparación: 5 min

1,95 €/pers.

- Pela y corta las **patatas en trozos pequeños.** Mézclalas con la **carne, la crema de leche** y el **queso** en un recipiente apto para microondas.
- Salpimienta y cocina 20 min en el microondas a 800 W de potencia.

ESTOFADO AL MICROONDAS

Microondas:
32 min

Nabo
x 2

Puerro
x 1

Zanahorias
x 2

Pastilla de caldo
½

Hamburguesa
x 2 (o 200 g de ternera picada)

Sal y pimienta

Preparación: 5 min

1,95 €/pers.

• Pela las **zanahorias** y los **nabos.** Pon los **nabos** a trozos, el **puerro** cortado por la mitad, las **zanahorias** y la **pastilla de caldo** en un recipiente para microondas, cubiertos con agua. Salpimienta, cubre con film transparente y cocina 30 min en el microondas a 800 W de potencia. Añade la **carne** en forma de albóndigas y deja cocer 2 min. Degusta con **patatas** cocinadas en el microondas.

BIRYANI DE CORDERO AL MICROONDAS

Microondas:
20 min

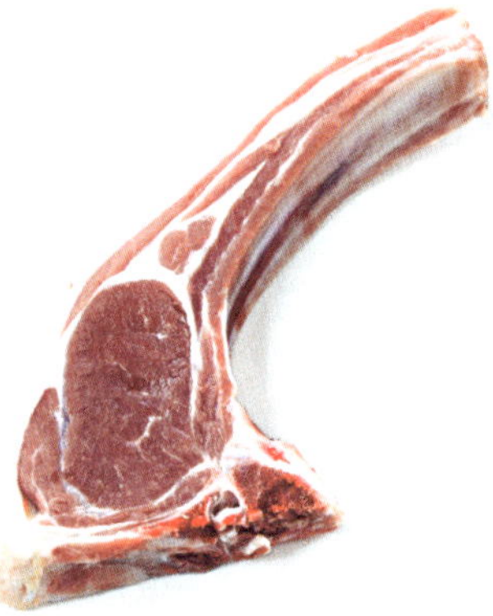

Costillas de cordero
x 2

Guisantes
2 vasos (congelados)

Arroz
2 vasos

Curri
1 cucharada

Leche de coco
2 vasos

Sal y pimienta

Preparación: 5 min

2 €/pers.

- Deshuesa y corta las **costillas** en trozos muy pequeños. Mézclalas con los **guisantes,** el **curri,** la **leche de coco,** el **arroz** y 2 vasos de agua en un recipiente grande para microondas.
- Salpimienta y cocina 20 min en el microondas a 800 W de potencia, removiendo una vez a mitad de la cocción.

ARROZ CANTONÉS AL MICROONDAS

Microondas:
22 min

Arroz
2 vasos

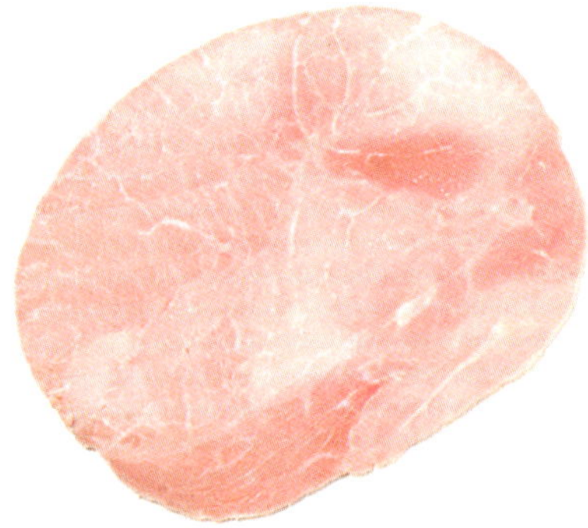

Jamón de York
2 lonchas

Guisantes
1 vaso (congelados)

Huevos
x 2

Sal y pimienta

Preparación: 5 min

0,55 €/pers.

- Pon el **arroz,** el **jamón** cortado en trozos, los **guisantes** y 4 vasos de agua en un recipiente para microondas.
- Cocínalos 20 min en el microondas a 800 W de potencia, removiendo una vez a mitad de la cocción.
- Casca los **huevos**, remueve y cocina otros 2 min.
- Salpimienta y degusta.

DELFINÉS AL MICROONDAS

Microondas:
20 min

Patatas
x 2 (grandes)

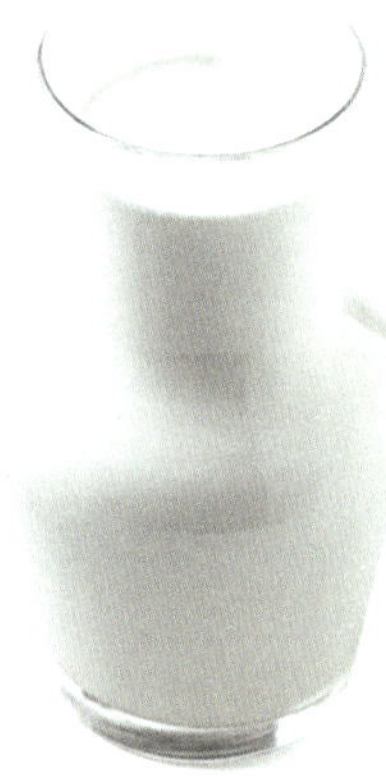

Crema de leche
2 vasos

Queso rallado
dos puñados

Tocino
1 paquete (100 g)

Sal y pimienta

Preparación: 5 min

1,20 €/pers.

- Pela y corta las **patatas** en rodajas muy finas y mézclalas con el **tocino,** la **crema de leche** y el **queso rallado** en un recipiente apto para microondas. Salpimienta.
- Cocina 20 min en el microondas a 800 W de potencia.

PIZZA ENROLLADA CON CHORIZO Y TOMATE

Minihorno:
25 min
Horno clásico:
25 min a 200 °C

Masa para pizza
x 1

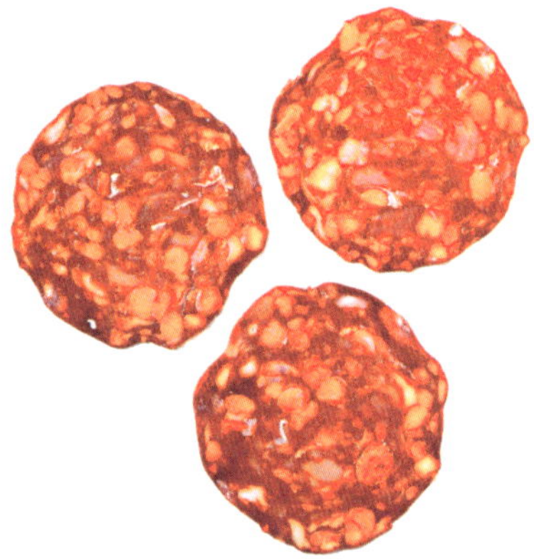

Chorizo
6 lonchas

Queso rallado
tres puñados

Tomate
x 1

Para 1 pizza (2 pers.)
Preparación: 5 min

1,05 €/pers.

- Extiende la **masa** sobre papel sulfurizado.
- Coloca las lonchas de **chorizo** cortadas por la mitad y el **tomate** cortado en cuartos. Añade ¾ partes del **queso rallado.** Enrolla la **masa** y espolvorea con el **queso rallado** restante.
- Hornea 25 min a 200 °C, con calor arriba y abajo.
- Degusta con una ensalada.

GRATÉN DE PATATAS FRITAS Y SALCHICHA

Minihorno:
25 min
Horno clásico:
25 min a 200 °C

Patatas fritas al horno
dos puñados

Salchichas de Frankfurt
x 4

Hierbas de Provenza
1 cucharada

Kétchup
1 cucharada

Queso rallado
un puñado

Sal y pimienta

Preparación: 2 min

0,80 €/pers.

- Corta las **salchichas** en trozos, mézclalas con las **patatas fritas** en una fuente para gratinar y añade las **hierbas de Provenza** y el **queso rallado.** Salpimienta.
- Hornea 25 min a 230 °C, con calor arriba y abajo.
- Añade el **kétchup** y degusta.

FAJITAS DE TERNERA CON AGUACATE

Minihorno:
20 min
Horno clásico:
20 min a 200 °C

Tortitas (de trigo o maíz)
x 2

Hamburguesa
x 1 (o 120 g de ternera picada)

Maíz (de bote)
2 cucharadas

Aguacate
x 1

Queso cheddar rallado
un puñado

Sal y pimienta

Preparación: 5 min

1,60 €/pers.

- Pela y tritura el **aguacate** con un tenedor. Mézclalo con la **hamburguesa** y salpimienta.
- Coloca las **tortitas** en una bandeja para hornear y extiende por encima la mezcla de **carne** y **aguacate.**
- Añade el **maíz** y el **cheddar** y luego hornea 20 min a 230 °C, con calor arriba y abajo.

TORTITAS DE TERNERA AL COMINO

Minihorno:
15 min
Horno clásico:
15 min a 200 °C

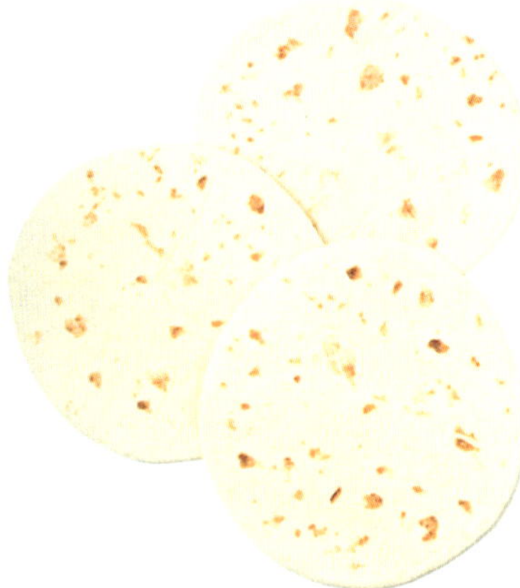

Tortitas de trigo
x 4 (pequeñas)

Cheddar rallado
un puñado

Semillas de comino
1 cucharada

Hamburguesa
x 1 (o 120 g de ternera picada)

Yogur griego
x 1

Preparación: 5 min

1,55 €/pers.

- Extiende el **yogur** sobre las **tortitas,** añade la **hamburguesa** en trozos pequeños y espolvorea con el **cheddar** y el **comino.**
- Hornea 15 min a 230 °C, con calor arriba y abajo.
- Degusta con una ensalada.

HAMBURGUESA CON QUESO Y CHIPS

Minihorno:
15 min
Horno clásico:
15 min a 200 °C

Panecillos de hamburguesa
x 2

Patatas chips
un puñado

Queso cheddar rallado
dos puñados

Quesitos
2 porciones

Hamburguesa
x 1 (o 120 g de ternera picada)

Preparación: 5 min

1,30 €/pers.

- Mezcla la **ternera** con los **quesitos** y la mitad del **cheddar.** Reparte la **carne** sobre la base de los panecillos y el **cheddar** restante sobre la parte superior de los panecillos. Hornea 15 min a 230 °C, con calor arriba y abajo.
- Añade las **patatas chip,** cierra los panecillos y degusta de inmediato con una ensalada.

SÁNDWICHES AMERICANOS

Minihorno:
20 min
Horno clásico:
20 min a 200 °C

Panecillos de Frankfurt
x 2

Hamburguesa
x 1 (o 120 g de ternera picada)

Queso cheddar rallado
un puñado

Salsa de barbacoa
2 cucharadas

Patatas fritas al horno
½ bolsa (225 g)

Sal y pimienta

Preparación: 5 min

1,45 €/pers.

- Mezcla la mitad del **cheddar** y de la **salsa barbacoa** con la **carne,** forma 2 **salchichas** y ponlas dentro de los **panecillos.** Sirve las **patatas fritas** en una bandeja, coloca los **panecillos** con las **salchichas** encima, espolvorea con el **cheddar** restante y hornea 20 min a 230 °C, con calor arriba y abajo.
- Degusta con la **salsa barbacoa** restante.

EMPANADAS DE AVE CON AGUACATE

Minihorno:
15 min
Horno clásico:
15 min a 200 °C

Tortitas de maíz
x 2 (grandes)

Jamón de ave
2 lonchas

Champiñones
x 4

Guacamole
4 cucharadas

Queso rallado
un puñado

Preparación: 5 min

1,50 €/pers.

- Rellena las **tortitas** con la mitad del **guacamole** y del **queso,** los **champiñones** laminados (reserva 4 láminas) y el **jamón** en trozos pequeños. Ciérralas.
- Añade el **guacamole**, el **queso** y los **champiñones** restantes.
- Hornea 15 min a 230 °C, con calor arriba y abajo.
- Degusta con una ensalada.

KEBAB PICANTE AL CILANTRO

Minihorno:
15 min
Horno clásico:
15 min a 200 °C

Panes pita
x 2

Hamburguesa
x 2 (o 200 g de ternera picada)

Harissa
1 cucharadita

Cilantro
4 ramitas

Queso cheddar rallado
dos puñados

Preparación: 5 min

1,95 €/pers.

- Mezcla la **carne** con el cilantro cortado con tijeras, la **harissa** y la mitad del queso **cheddar.**
- Rellena los **panes pita** con la preparación, colócalos en una bandeja y añade el **cheddar** restante.
- Hornea 15 min a 230 °C, con calor arriba y abajo.

CALZONE DE JAMÓN Y CHAMPIÑONES

Minihorno:
20 min
Horno clásico:
20 min a 200 °C

Masa para pizza
x 1

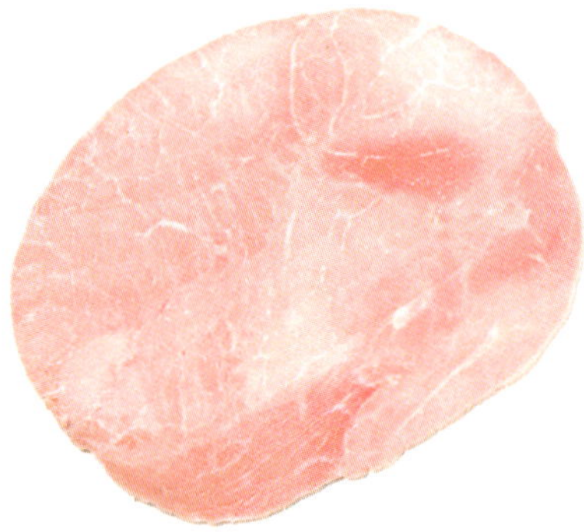

Jamón de York
2 lonchas

Champiñones
x 3

Orégano
1 cucharadita

Queso rallado
tres puñados

Sal y pimienta
Para 1 pizza (2 pers.)
Preparación: 10 min

1,25 €/pers.

- Extiende la **masa** con el papel sulfurizado sobre una bandeja. Añade el **jamón** y los **champiñones** laminados, el **orégano** y el **queso.** Cierra la masa doblándola y sella los bordes con un tenedor.
- Hornea 20 min a 230 °C, con calor arriba y abajo.
- Degusta con una ensalada.

PIZZA DE CALABACÍN Y CHORIZO

Minihorno:
25 min
Horno clásico:
25 min a 200 °C

Masa para pizza
x 1

Calabacín
x 1

Queso cheddar rallado
un puñado

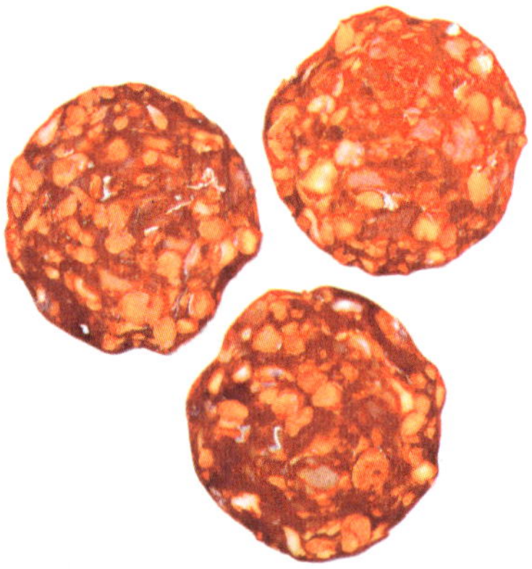

Chorizo
9 lonchas

Pimienta

Aceite de oliva

Para 1 pizza (2 pers.)

Preparación: 5 min

1,20 €/pers.

- Desenrolla la **masa** con el papel sulfurizado. Reparte las lonchas de **chorizo** y los **calabacines** cortados en láminas finas. Espolvorea con el **cheddar,** añade pimienta y hornea 25 min a 230 °C, con calor arriba y abajo.
- Degusta con un chorrito de **aceite de oliva** y una ensalada.

BAGELS CON PANCETA Y CHUCRUT

Minihorno:
15 min
Horno clásico:
15 min a 200 °C

Bagel con sésamo
x 1

Panceta ahumada
3 lonchas (finas)

Chucrut cocida
dos puñados

Queso fresco en porciones
x 1

Parmesano
1 cucharada

Sal y pimienta

Preparación: 5 min

1,55 €/pers.

- Corta el **bagel** por la mitad y úntalo con **queso fresco.** Añade la **chucrut** y la **panceta ahumada** cortada en 2 trozos.
- Espolvorea con el **parmesano** y hornea 15 min a 230 °C, con calor arriba y abajo.
- Degusta con una ensalada.

KEBAB DE CORDERO Y ESPECIAS

Minihorno:
20 min
Horno clásico:
20 min a 200 °C

Costillas de cordero
x 2

Baguette
x ½

Patatas fritas al horno
dos puñados

Menta
2 ramitas

Curri
1 cucharada

1 cucharada de aceite

2 cucharadas de mayonesa

Preparación: 5 min

2 €/pers.

- Corta la **baguette** en 4 trozos. Corta las **costillas** en trozos pequeños y mézclalas con el **curri** y 1 cucharada de **aceite.** Reparte las **patatas** y el **cordero** sobre las porciones de pan. Hornea 20 min a 230 °C, con calor arriba y abajo.
- Añade las hojas de **menta** y degusta con **mayonesa.**

MINIPIZZAS MEXICANAS

Minihorno:
20 min
Horno clásico:
20 min a 200 °C

Tortitas de maíz
x 2 (medianas)

Coulis de tomate
2 cucharadas

Queso cheddar rallado
un puñado

Guacamole
2 cucharadas

Mozzarella
1 bola

Sal y pimienta

Preparación: 5 min

1,05 €/pers.

- Reparte el **coulis de tomate** sobre las **tortitas,** añade la **mozzarella** cortada en rodajas y el **guacamole.** Espolvorea con el **cheddar**.
- Hornea 20 min a 230 °C, con calor arriba y abajo.
- Salpimienta y degusta con una ensalada.

CHEESEBURGER DE POLLO Y RÚCULA

Minihorno:
15 min
Horno clásico:
15 min a 200 °C

Pechuga de pollo
x 1

Queso cheddar
2 lonchas

Muffins ingleses
x 2

Rúcula
un puñado

Limón
x 1

Sal y pimienta

Aceite de oliva

Preparación: 5 min

1,05 €/pers.

- Mezcla el **pollo** en trocitos con la mitad de la **rúcula** y el zumo de **limón.** Salpimienta.
- Corta los **muffins** por la mitad, reparte la preparación en las dos **mitades de muffin** y coloca 1 loncha de **queso** sobre las otras dos mitades. Hornea 15 min a 230 °C, con calor arriba y abajo. Añade la **rúcula** restante, cierra los 2 **muffins** y degusta con un chorrito de **aceite de oliva.**

BURRITOS GRATINADOS

Minihorno:
20 min
Horno clásico:
20 min a 200 °C

Aguacate
x 1

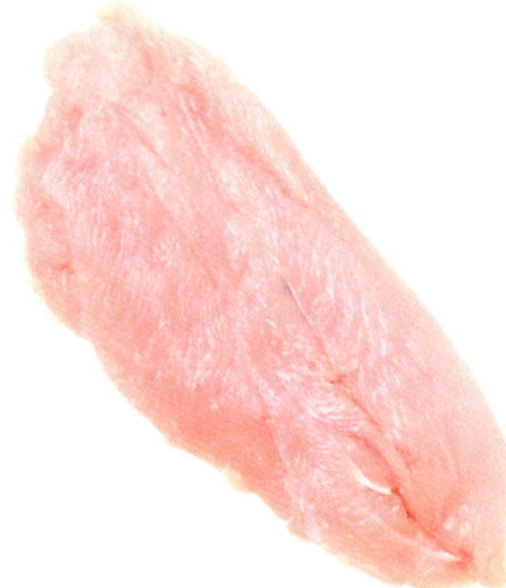

Pechuga de pavo
x 1

Queso cheddar rallado
dos puñados

Coulis de tomate
4 cucharadas

Tortitas (de maíz o trigo)
x 2 (grandes)

Sal y pimienta

Preparación: 5 min

2 €/pers.

- Pela y tritura el **aguacate.** Corta la **pechuga** en trozos pequeños. Rellena las **tortitas** con el **aguacate** y el **pavo,** y enróllalas.
- Mezcla el **coulis de tomate** con 1 vaso de agua y vierte sobre los **burritos.**
- Espolvorea con el **cheddar** y hornea 20 min a 230 °C, con calor arriba y abajo. Degusta con una ensalada.

PIMIENTO RELLENO DE VERDURAS

Minihorno:
30 min
Horno clásico:
30 min a 200 °C

Mozzarella
½ bola

Pimiento rojo
x 1

Hierbas de Provenza
1 cucharadita

Pisto (en conserva)
4 cucharadas

Sal y pimienta

Preparación: 5 min

0,80 €/pers.

- Corta el **pimiento** por la mitad y retira las semillas.
- Mezcla la **mozzarella** cortada en trozos con el **pisto** y las **hierbas de Provenza.** Salpimienta.
- Rellena los **pimientos** con esta preparación, colócalos en una bandeja para el horno con 4 cucharadas de agua y hornea 30 min a 230 °C, con calor arriba y abajo.

FRANKFURTS GRATINADOS

Minihorno:
20 min
Horno clásico:
20 min a 200 °C

Baguette
x ½

Salchichas de Frankfurt
x 2

Mostaza
1 cucharada

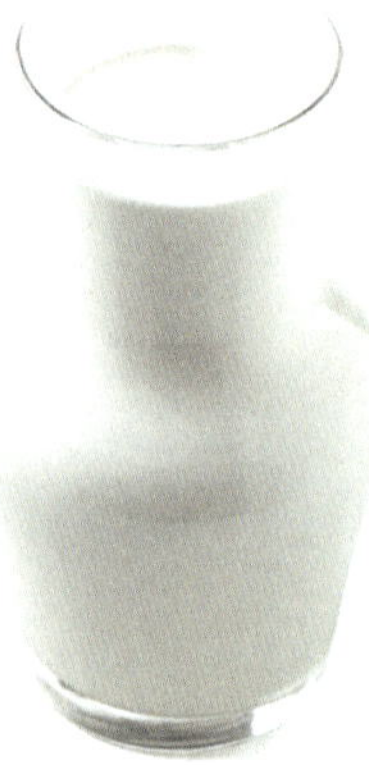

Crema de leche
1 vaso

Queso rallado
dos puñados

Preparación: 5 min

0,75 €/pers.

- Corta la **baguette** de modo que obtengas 2 sándwiches y ábrelos. Mezcla la **crema de leche** con el **queso.** Unta el interior del **pan** con **mostaza** y con la mitad de la preparación de **crema de leche** y **queso.**
- Añade los **Frankfurts,** cubre con la mezcla de **crema de leche** y **queso** restante y hornea 20 min a 230 °C, con calor arriba y abajo.

GALETTES CON HAMBURGUESA

Minihorno:
15 min
Horno clásico:
15 min a 200 °C

Galettes de alforfón
x 2

Kétchup
4 cucharadas

Quedo cheddar rallado
dos puñados

Hamburguesa
x 1 (o 120 g de ternera picada)

Hierbas de Provenza
1 cucharada

Preparación: 5 min

1,65 €/pers.

- Extiende el **kétchup** sobre las **galettes.** Añade la **carne** en trozos pequeños, la mitad del **cheddar** y las **hierbas de Provenza.**
- Enrolla las **galettes** apretándolas bien, disponlas en una fuente y espolvorea con el **cheddar** restante.
- Hornea 15 min a 230 °C, con calor arriba y abajo.
- Degusta con una ensalada.

LASAÑA DE PATATAS

Minihorno:
45 min
Horno clásico:
45 min a 200 °C

Patatas
x 2 (grandes)

Tomate triturado
4 vasos

Hamburguesa
x 2 (o 200 g de ternera picada)

Parmesano
4 cucharadas

Sal y pimienta

Preparación: 10 min

1,80 €/pers.

- Pela y corta las **patatas** en láminas muy finas. Ponlas en una bandeja refractaria con las **hamburguesas** en trozos pequeños, el **tomate triturado** y el **parmesano.** Salpimienta.
- Hornea 45 min a 230 °C, con calor arriba y abajo.

HOJALDRE CON PATATAS

Minihorno:
45 min
Horno clásico:
35 min a 200 °C

Masa de hojaldre
x 1

Patatas
x 4 (medianas)

Huevos
x 2

Hierbas de Provenza
1 cucharada

Sal y pimienta

Preparación: 10 min

0,75 €/pers.

• Coloca la **masa** con papel sulfurizado en una bandeja para gratinar. Pela las **patatas,** córtalas en láminas muy finas y extiéndelas sobre la **masa.** Bate los **huevos** con las **hierbas** y viértelo en la bandeja. Salpimienta.

• Levanta los bordes de la **masa** y hornea 45 min a 230 °C, con calor arriba y abajo. Degusta con una ensalada.

YAKITORIS DE BUEY CON QUESO

Minihorno:
5 min
Horno clásico:
10 min a 200 °C

Carpaccio de buey
150 g

Emmental
150 g

Ajo en polvo
una pizca

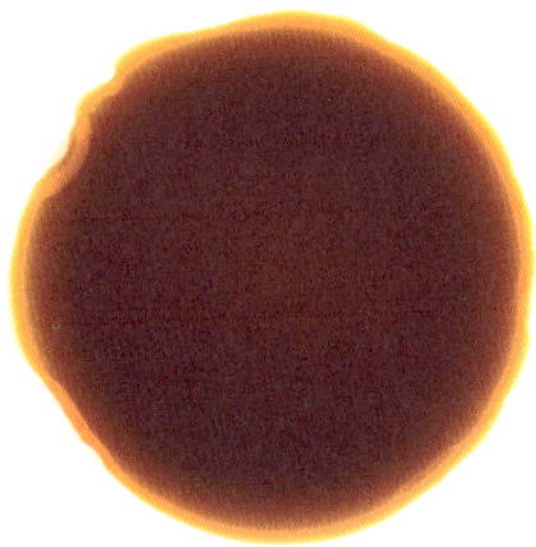

Salsa de soja dulce
4 cucharadas

Sal y pimienta

Preparación: 10 min

2 €/pers.

- Corta el **emmental** en 8 bastoncillos y envuélvelos con las lonchas de **carpaccio.**
- Sujeta con un palillo.
- Colócalos en una bandeja.
- Espolvorea con **ajo en polvo,** rocía con **salsa de soja dulce** y luego hornea 10 min a 230 °C, con calor arriba y abajo.

TOMATES RELLENOS DE SALCHICHA

Minihorno:
30 min
Horno clásico:
30 min a 200 °C

Huevo
x 1

Tomates
x 2 (medianos)

Salchicha
x 1

Sal y pimienta

Preparación: 5 min

0,95 €/pers.

- Corta la parte superior de los **tomates** y vacíalos.
- Rellénalos con la **salchicha** cortada en trozos y el **huevo** batido. Salpimienta. Cubre los **tomates** con la parte superior y disponlos en una bandeja refractaria con 3 cucharadas de agua.
- Hornea 30 min a 230 °C, con calor arriba y abajo.

COSTILLAS DE CERDO AL ESTILO USA

Minihorno:
1 h
Horno clásico:
1 h a 200 °C

Costillas de cerdo
400 g

Salsa de soja
2 cucharadas

Kétchup
2 cucharadas

Miel líquida
1 cucharada

Pimentón
1 cucharada

Preparación: 5 min
Marinada: 30 min

2 €/pers.

- Corta las **costillas** en trozos y mézclalas en una bandeja para gratinar con la **salsa de soja,** la **miel, el pimentón,** el kétchup y 3 vasos de agua.
- Deja marinar 30 min y hornea 1 h a 230 °C, con calor arriba y abajo.

BERENJENA RELLENA CON MERGUEZ

Minihorno:
40 min
Horno clásico:
40 min a 200 °C

Tomate
x 1

Berenjena
x 1

Merguez
x 2

Parmesano
1 cucharada

Preparación: 5 min

0,70 €/pers.

- Corta la **berenjena** por la mitad a lo largo y obtén la pulpa.
- Rellena las **berenjenas** con la pulpa, los **merguez** y el **tomate** cortados en trozos.
- Ponlos en una bandeja, añade 1 vaso de agua y espolvorea con **parmesano.**
- Hornea 40 min en el minihorno a 230 °C, con calor arriba y abajo.

POPIETAS CON COCO Y KÉTCHUP

Minihorno:
30 min
Horno clásico:
30 min a 200 °C

Popietas de pavo
x 2

Leche de coco
1 vaso

Kétchup
2 cucharadas

Sal y pimienta

Preparación: 5 min

1,55 €/pers.

- Coloca las **popietas** en una bandeja para gratinar.
- Mezcla la **leche de coco** con el **kétchup,** salpimienta y vierte la salsa sobre las **popietas.**
- Hornea 30 min a 230 °C, con calor arriba y abajo.
- Degusta con arroz cocido en el microondas.

CASSOULET EXPRÉS

Minihorno:
40 min
Horno clásico:
40 min a 200 °C

Salchichas
x 2

Biscotes
x 6

Alubias con tomate
1 bote pequeño (400 g)

Ajo en polvo
1 cucharadita

Sal y pimienta

Preparación: 5 min

1,35 €/pers.

- Mezcla en una bandeja para gratinar las **alubias** con el **ajo,** ¾ partes de los **biscotes** triturados y 1 vaso de agua. Salpimienta.
- Añade las **salchichas** y los **biscotes** restantes triturados, y luego hornea 40 min a 230 °C, con calor arriba y abajo.

CALABACÍN RELLENO DE TOCINO

Minihorno:
35 min
Horno clásico:
35 min a 200 °C

Queso rallado
un puñado

Calabacín
x 1 (grande)

Tocino
4 cucharadas

Pimienta

Preparación: 5 min

0,85 €/pers.

- Corta el **calabacín** por la mitad a lo largo, obtén la carne y córtala en dados pequeños. Mézclala con el **tocino picado** y el **queso,** y luego rellena los **calabacines.** Disponlos en una bandeja refractaria con 4 cucharadas de agua.
- Hornea 35 min a 230 °C, con calor arriba y abajo.
- Sazona con pimienta y degusta.

GNOCCHIS DE GALETTES A LA MOSTAZA

Minihorno:
15 min
Horno clásico:
15 min a 200 °C

Crema de leche
1 vaso

Galettes de alforfón
x 2

Mostaza
2 cucharadas

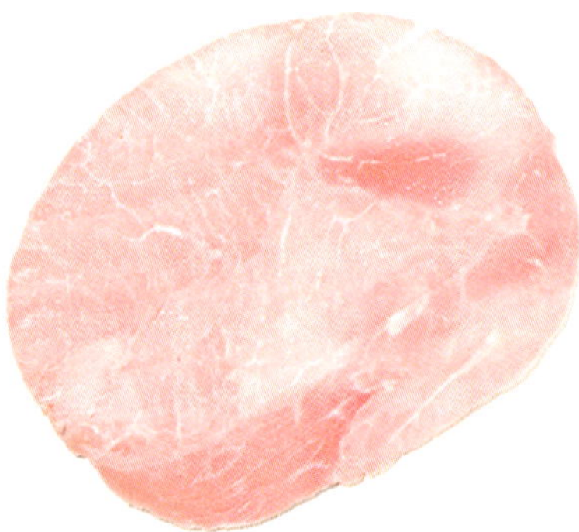

Jamón York
2 lonchas

Queso rallado
dos puñados

Sal y pimienta

Preparación: 5 min

1,25 €/pers.

- Unta las **galettes** con **mostaza** y reparte el **jamón** en trozos y la mitad del **queso rallado.** Enrolla las **galettes** apretándolas bien, córtalas en trozos y disponlas en una fuente. Vierte la **crema de leche** y espolvorea con el **queso rallado** restante. Salpimienta y hornea 15 min a 230 °C, con calor arriba y abajo.
- Degusta con una ensalada.

COLOMBO DE POLLO A LA MENTA

Minihorno:
40 min
Horno clásico:
(precalentado) 40 min a 200 °C

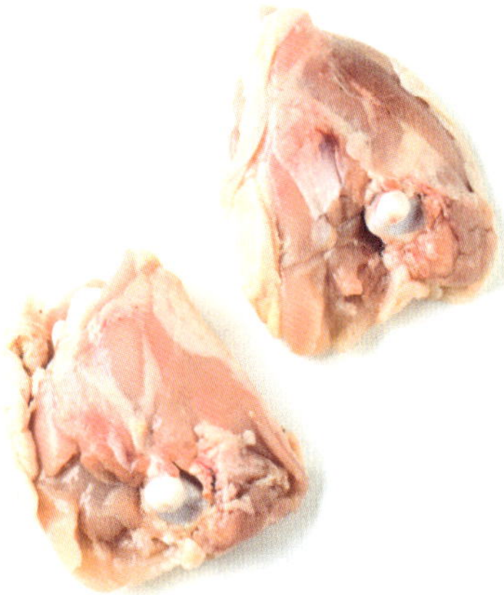

Contramuslos de pollo
x 2

Colombo (especia)
1 cucharada

Leche de coco
1 vaso

Hojas de menta
x 10 (o 1 cucharada de menta seca)

Preparación: 5 min

1 €/pers.

- Mezcla la **leche de coco** con el **colombo** y vierte sobre el **pollo** dispuesto en una bandeja para gratinar.
- Hornea 40 min a 230 °C, con calor arriba y abajo.
- Añade la **menta** y degusta con sémola cocida en el microondas.

COSTILLAS CON NARANJADA Y JENGIBRE

Minihorno:
1 h
Horno clásico:
1 h a 200 °C

Costillas de cerdo
400 g

Naranjada
1 lata

Jengibre
40 g

Salsa de soja
3 cucharadas

Preparación: 5 min
Marinada: 30 min

2 €/pers.

- Corta las **costillas** en trozos y mézclalas en una fuente para gratinar con el **jengibre** picado, la **naranjada** y la **salsa de soja.**
- Deja marinar 30 min y hornea 1 h a 230 °C, con calor arriba y abajo.

GALETTES CON SALCHICHA AL QUESO AZUL

Minihorno:
30 min
Horno clásico:
30 min a 200 °C

Salchichas
x 2

Galettes de alforfón
x 2

Queso azul
2 rodajas (80 g)

Crema de leche
1 vaso

Preparación: 5 min

1,75 €/pers.

- Enrolla cada **salchicha** en 2 mitades de **galette** superpuestas.
- Reparte el **queso azul** por encima, rocía con la **crema de leche** y hornea 30 min a 230 °C, con calor arriba y abajo.
- Degusta con una ensalada.

POLLO A LA COLA

Minihorno:
1 h
Horno clásico:
1 h a 200 °C

Muslitos de pollo
x 6

Limón
x 1 (o 4 cucharadas de zumo)

Refresco de cola
1 lata

Sal y pimienta

Preparación: 5 min

1,35 €/pers.

- Pon los **muslitos,** la **cola** y el zumo de **limón** en una bandeja. Salpimienta.
- Hornea 1 h a 230 °C, con calor arriba y abajo.
- Degusta con patatas al horno.

TORTILLA CRUJIENTE

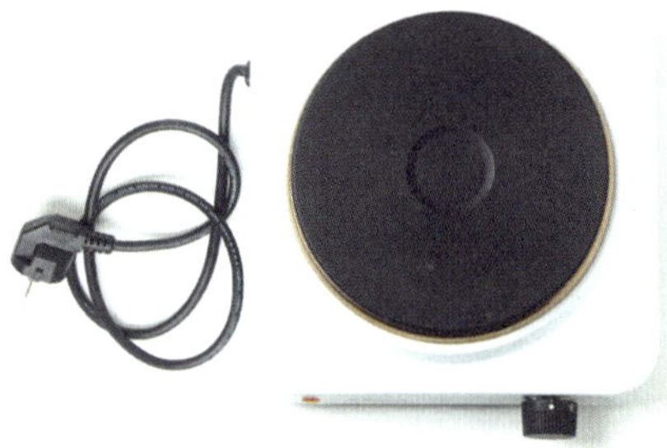

Placa:
8 min

Chorizo
8 lonchas

Huevos
x 6

Patatas chip
dos puñados generosos

2 cucharadas de aceite

Preparación: 5 min

0,75 €/pers.

- Bate los **huevos** con un tenedor y añade el **chorizo** cortado en trozos.
- Calienta 2 cucharadas de **aceite** en una sartén y vierte el huevo. Deja cocer de 4 a 8 min, removiendo hasta la cocción completa de los **huevos.**
- Sirve la tortilla en un plato, agrega las **patatas chip** y dobla la tortilla por la mitad.

PECHUGA DE PAVO CON CACAHUETES

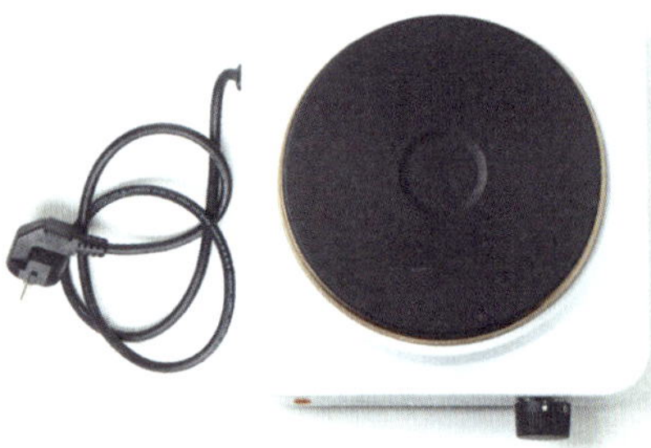

Placa:
5 min

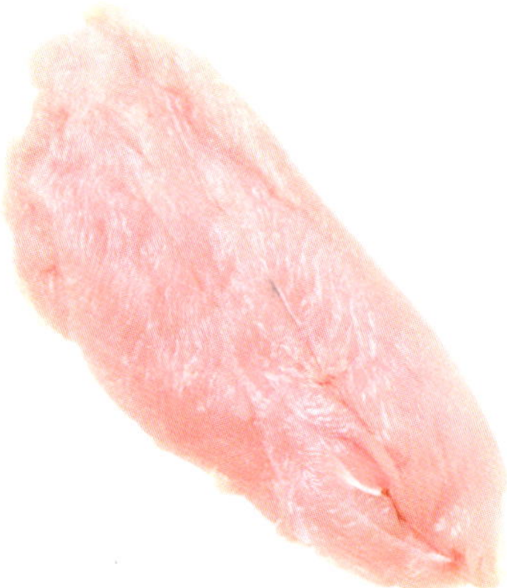

Pechuga de pavo
x 1

Cacahuetes
2 cucharadas

Miel líquida
1 cucharada

Salsa de soja
4 cucharadas

Preparación: 2 min

2 €/pers.

- Pon las **pechugas** cortadas en trozos, la **miel,** la **salsa de soja** y los **cacahuetes** en una sartén, y cocínalos 5 min a partir del momento en que empiece a hervir, sin dejar de remover.
- Degusta con arroz cocinado en el microondas.

BLANQUETA A LA SARTÉN

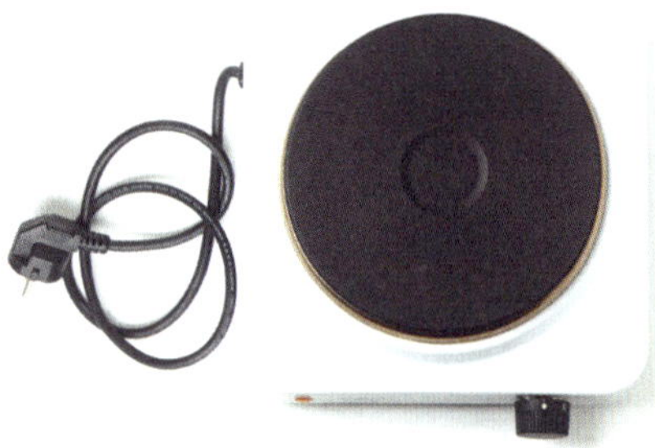

Placa:
35 min

Pavo
5 filetes

Crema de leche
2 vasos

Zanahoria
x 1

Zanahoria
x 4

Sal y pimienta

1 cucharada de aceite

Preparación: 5 min

1,90 €/pers.

- Saltea los filetes de **pavo** en una sartén con 1 cucharada de **aceite.**
- Añade la **zanahoria** y los **champiñones** laminados, la **crema de leche** y 1 vaso de agua.
- Salpimienta. Cuando empiece a hervir, deja cocer 30 min a fuego lento.
- Degusta con arroz cocinado en el microondas.

HUEVOS A LA VASCA

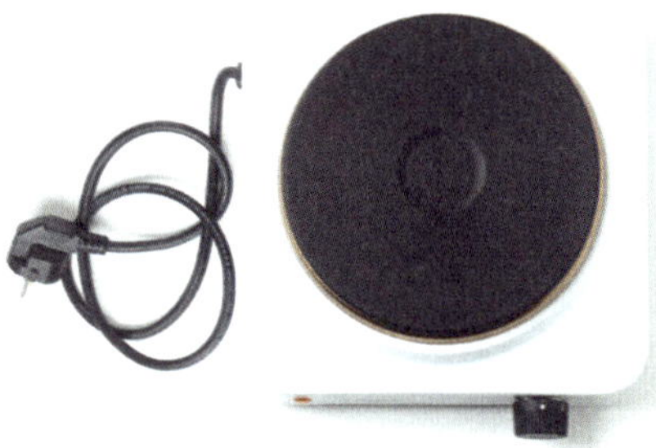

Placa:
15 min

Huevos
x 2

Jamón serrano
2 lonchas

Pimiento rojo
x 1

Patatas fritas
225 g (congeladas, ½ bolsa)

1 cucharada de aceite

Preparación: 5 min

0,70 €/pers.

- Corta el **pimiento** en dados y el **jamón** en trozos pequeños. Saltéalos 10 min a fuego vivo en una sartén con las **patatas** y 1 cucharada de **aceite;** remueve de vez en cuando.
- Casca los **huevos** sobre la preparación, deja cocer otros 5 min y sirve.

CHULETAS DE CERDO AL CARAMELO

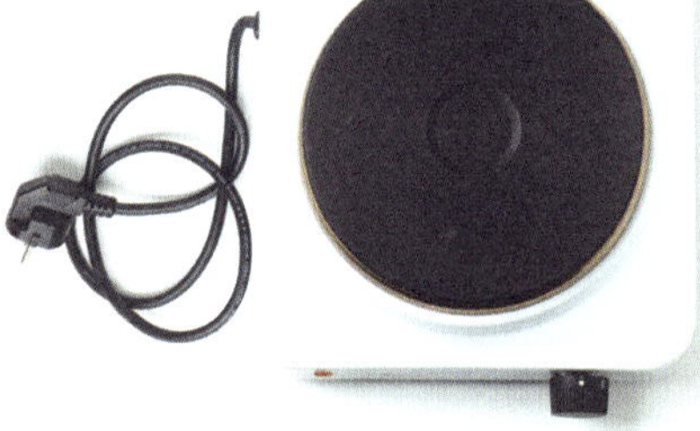

Placa:
20 min

Chuletas de cerdo
x 2

Azúcar
2 cucharadas

Semillas de sésamo
1 cucharada

Salsa de soja
6 cucharadas

1 cucharada de aceite

Preparación: 5 min

1,40 €/pers.

- Saltea 5 min las **chuletas de cerdo** en una sartén con 1 cucharada de **aceite.** Añade la **salsa de soja** y el **azúcar** y deja cocer 15 min a fuego lento, rociando con la salsa de vez en cuando.
- Espolvorea con las **semillas de sésamo** y sirve con pasta o arroz cocinados en el microondas.

PAELLA DE CODOS CON ALBÓNDIGAS

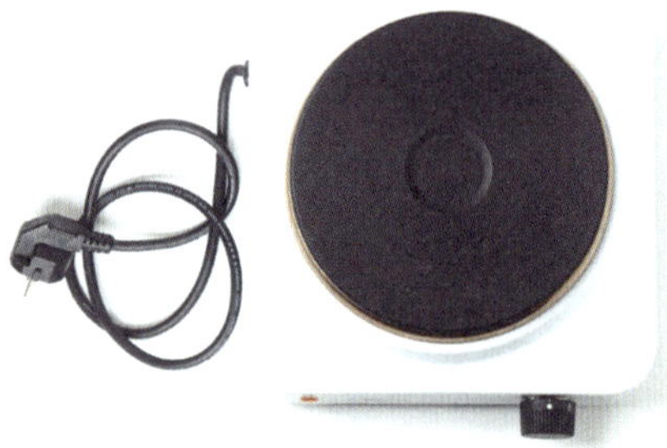

Placa:
20 min

Codos
2 vasos

Carne picada
200 g

Gazpacho
4 vasos

Citronela
1 ramita

Sal y pimienta

1 cucharada de aceite

Preparación: 5 min

1,30 €/pers.

- Corta finamente la **citronela,** mézclala con la **carne picada** y luego forma 12 albóndigas. Dóralas en una sartén con 1 cucharada de **aceite.**
- Añade el **gazpacho,** 2 vasos de agua y los **codos.** Salpimienta, remueve y deja cocer 15 min a partir del momento en que empiece a hervir.

HUEVOS CON FONDUE DE PUERRO

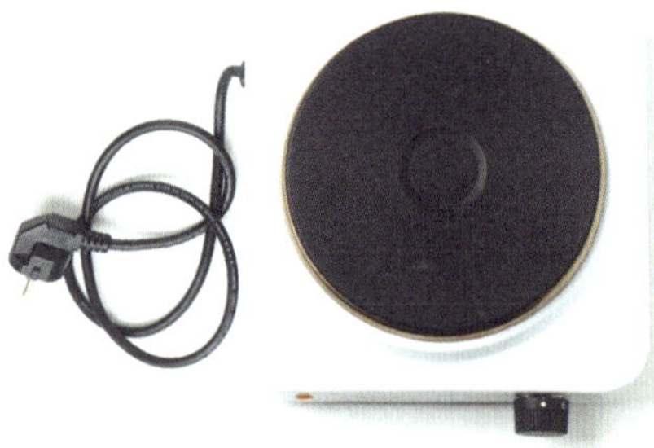

Placa:
25 min

Huevos
x 2

Tocino
1 paquete (100 g)

Pimentón
1 cucharadita

Puerro
x 1

Preparación: 5 min

0,75 €/pers.

- Corta finamente el **puerro** y lávalo con abundante agua. Rehógalo 20 min en la sartén con el **tocino,** removiendo de vez en cuando.
- Casca los **huevos** sobre la preparación, espolvorea con **pimentón** y deja cocer 5 min más.

RISOTTO DE POLLO A LA SARTÉN

Placa:
30 min

Leche de coco
4 vasos

Curri (o colombo)
1 cucharada

Arroz para risotto (arborio)
2 vasos

Pechugas de pollo
x 2

Preparación: 5 min

1,25 €/pers.

- Pon el **arroz,** las **pechugas de pollo** cortadas en trozos, el **curri** y la **leche de coco** en una sartén a fuego medio.
- Cuando alcance el punto de ebullición, deja cocer 25 min a fuego lento, sin dejar de remover.

HAMBURGUESAS A LA PIMIENTA

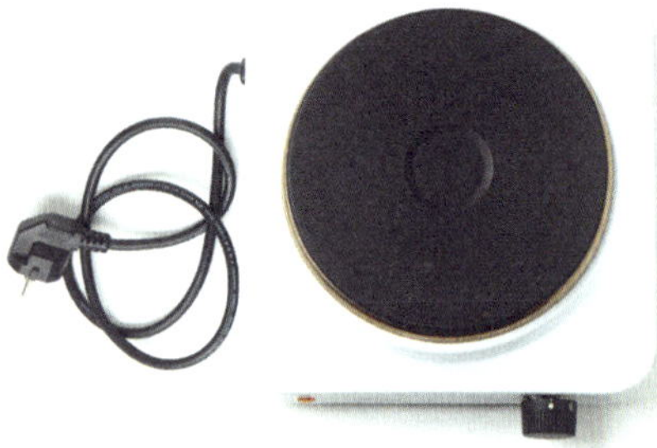

Placa:
4 min

Hamburguesa
x 2 (o 200 g de ternera picada)

Salsa de soja
1 cucharada

Pimienta mignonnette
1 cucharada

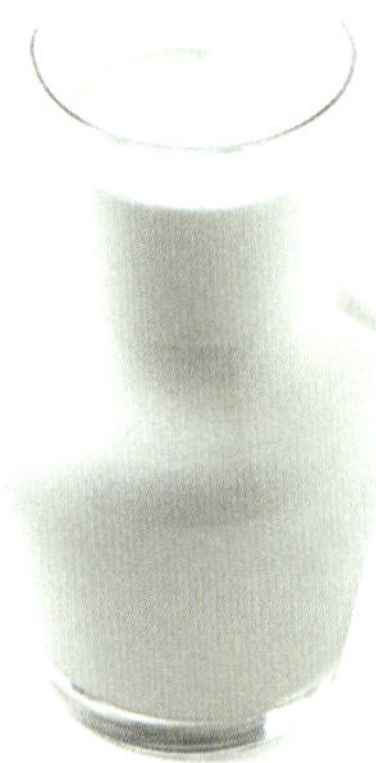

Crema de leche
2 vasos

Sal y pimienta

1 cucharada de aceite

Preparación: 5 min

1,95 €/pers.

- Forma 6 albóndigas con la **carne,** pásalas por la **pimienta mignonnette** y saltéalas 1 min con 1 cucharada de **aceite** en una sartén.
- Añade la **salsa de soja** y la **crema de leche,** y deja cocer 3 min más, rociando con la salsa.
- Degusta con patatas cocinadas en el microondas.

CHILI A LA SARTÉN

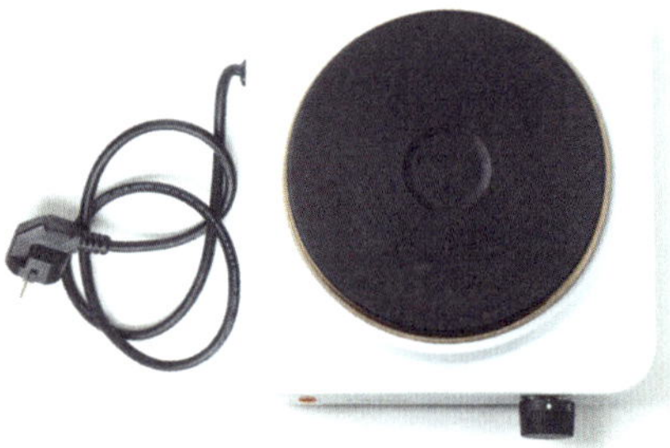

Placa:
15 min

Alubias pintas
1 bote grande

Queso cheddar rallado
dos puñados

Hamburguesa
x 1 (o 120 g de ternera picada)

Comino
1 cucharada

Coulis de tomate
2 vasos

Sal y pimienta

1 cucharada de aceite

Preparación: 5 min

1,85 €/pers.

- Mezcla las **alubias pintas** con la **hamburguesa,** el **coulis de tomate,** el **comino** y 1 vaso de agua en una sartén.
- Cuando empiece a hervir, deja cocer 5 min y añade el **cheddar rallado,** remueve una vez y prosigue la cocción otros 5 min. Salpimienta y degusta con arroz cocinado en el microondas.

AVE A LA CREMA DE LECHE

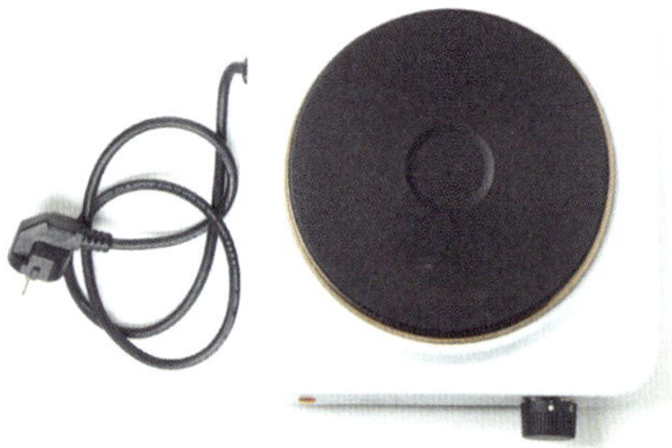

Placa:
15-17 min

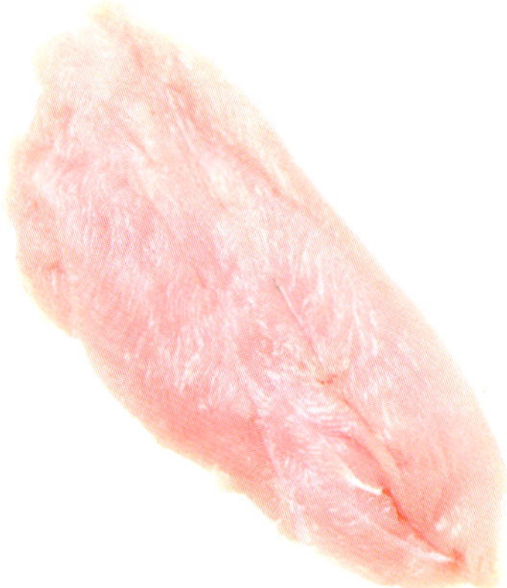

Pechugas de pavo
x 2 (pequeñas)

Champiñones
x 8 (240 g)

Crema de leche
2 ½ vasos

Salsa de soja
4 cucharadas

1 cucharada de aceite

Preparación: 5 min

2 €/pers.

- Corta las **pechugas** y los **champiñones** en trozos. Saltéalos 2 min en la sartén con 1 cucharada de **aceite.** Añade la **crema de leche** y la **salsa de soja.**
- Lleva a ebullición y deja cocer de 10 a 12 min.
- Degusta con pasta cocida en el microondas.

TERNERA BOURGUIGNON A LA SARTÉN

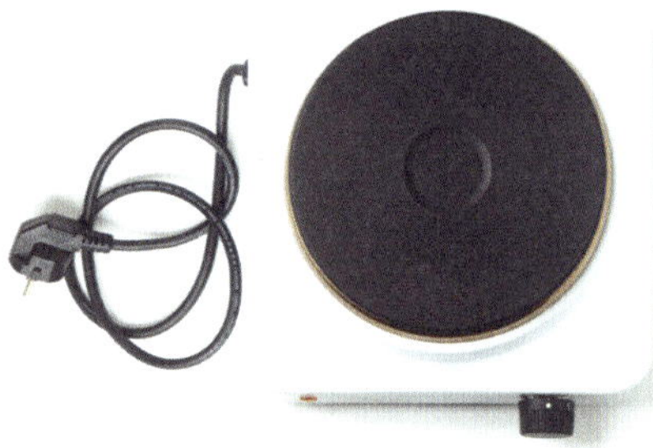

Placa:
30 min

Hamburguesa
x 2 (o 200 g de ternera picada)

Champiñones
x 4

Vino tinto
4 copas

Pastilla de caldo
¼

Tocino
1 paquete (100 g)

Sal y pimienta

Preparación: 5 min

2 €/pers.

- Pon los **champiñones** cortados en cuartos, el **tocino,** el **vino,** la **pastilla de caldo** y 2 vasos de agua en una sartén. Cuando alcance el punto de ebullición, deja cocer 15 min a fuego lento.
- Añade la **carne,** con la que habrás formado 8 albóndigas.
- Deja cocer 15 min más, rociando de vez en cuando. Salpimienta y degusta con pasta cocida en el microondas.

CHILI DE AVE AL CURRI

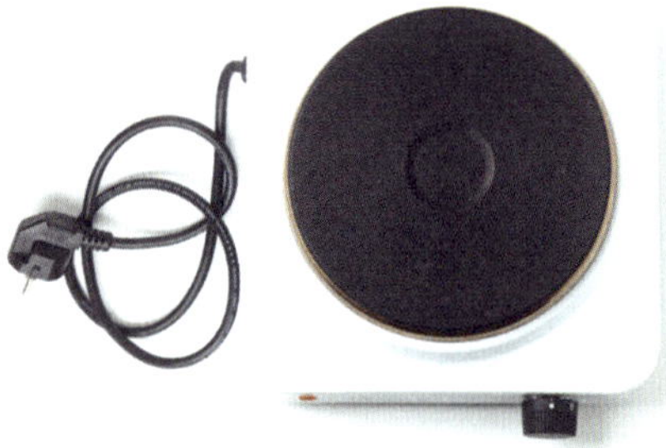

Placa:
8 min

Pechugas de pollo
x 2

Alubias en tomate
1 bote grande

Curri
1 cucharada

Queso cheddar rallado
un puñado

Sal y pimienta

1 cucharada de aceite

Preparación: 2 min

1,75 €/pers.

• Saltea en una sartén durante 5 min el **pollo** cortado en trozos con 1 cucharada de **aceite.** Añade las **alubias en tomate** y el **curri.** Salpimienta y deja cocer otros 3 min.

• Agrega el **cheddar** y degusta bien caliente con arroz cocido en el microondas.

HUEVOS CON TOMATE Y SALCHICHA

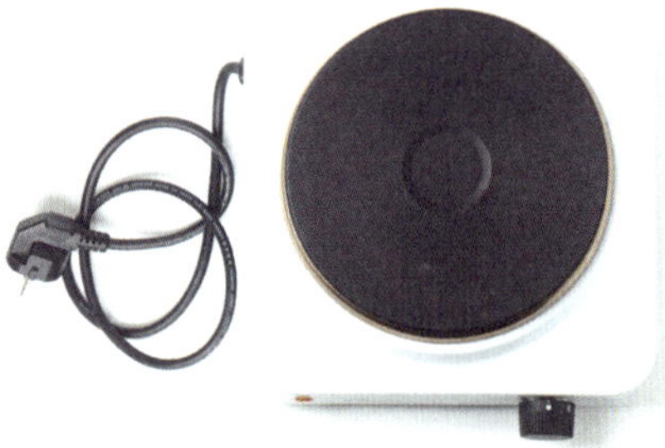

Placa:
20 min

Huevos
x 2

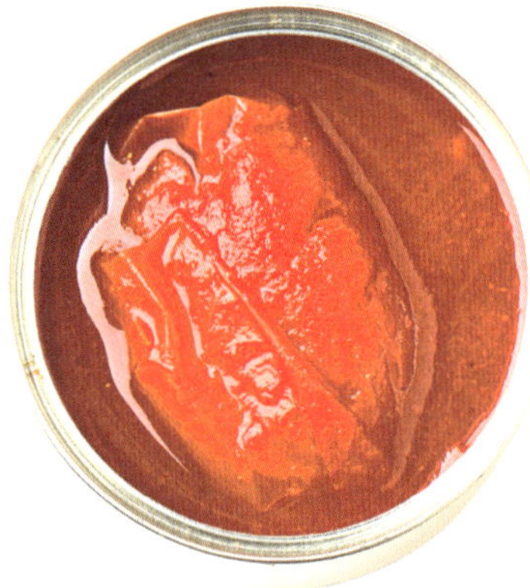

Tomates pelados
1 bote pequeño (400 g)

Salchicha ahumada
x 1

Vinagre balsámico
1 cucharada

Sal y pimienta

Preparación: 5 min

0,80 €/pers.

- Cuece a fuego lento en una sartén los **tomates pelados** y las **salchichas** cortadas en rodajas durante 15 min a partir del momento en que empiece a hervir, removiendo de vez en cuando.
- Casca los **huevos** sobre la preparación y deja cocer 5 min más. Añade el **vinagre,** salpimienta y degusta de inmediato.

BIZCOCHO DE CHOCOLATE AL MICROONDAS

Microondas:
1 min

Mantequilla
2 cucharadas

Chocolate negro
4 onzas

Leche
2 cucharadas

Huevo
x 1

Harina
2 cucharadas

Preparación: 5 min

0,45 €/pers.

- Derrite el **chocolate** y la **mantequilla** en una taza durante 30 s en el microondas a 800 W de potencia.
- Vierte la **leche** y remueve. Añade la **harina** y el **huevo** batido, remueve de nuevo y deja cocer 30 s más.

MUG CAKES DE PERA Y MIEL

Microondas:
7 min

Pera
x 1 (madura)

Huevo
x 1

Miel líquida
2 cucharadas

Leche
½ vaso

Canela
1 cucharadita

Preparación: 5 min

0,30 €/pers.

- Bate el **huevo** con el tenedor. Añade la **leche,** la **miel,** la **canela** y la **pera** pelada y cortada en trozos pequeños.
- Reparte la mezcla en 2 tazas (o 2 cuencos) y hornea 7 min en el microondas a 800 W de potencia.

GALLETAS DE CHOCOLATE Y AVELLANAS

Microondas:
3 min 30 s

Azúcar
1 vaso (80 g)

Chocolate (con leche y avellanas)
10 onzas

Mantequilla
50 g

Huevo
x 1

Harina
2 vasos

Azúcar glas

Preparación: 5 min

0,40 €/pers.

- Derrite la **mantequilla** 30 s en el microondas a 800 W de potencia. Mezcla con el **azúcar,** la **harina** y el **huevo.** Cubre el plato del microondas con papel sulfurizado. Forma montoncitos de **pasta** y coloca las onzas de **chocolate** troceadas encima.
- Hornea 3 min en el microondas a 800 W de potencia. Espolvorea con **azúcar glas.**

PLÁTANO CARAMELIZADO

Minihorno:
15 min
Horno clásico:
15 min en el gratinador

Plátano
x 1

Palomitas caramelizadas
un puñado

Azúcar
1 cucharada

Preparación: 5 min

0,15 €/pers.

• Corta el **plátano** por la mitad a lo largo, sin pelarlo, y coloca las dos mitades en una bandeja refractaria. Espolvoréelas con **azúcar** y hornea 15 min a 230 °C en el gratinador.

• Esparce las **palomitas** troceadas gruesas y degusta de inmediato.

BROWNIES DE CHOCOLATE Y AVELLANA

Minihorno:
10 min
Horno clásico:
10 min a 200 °C

Chocolate (con leche y avellanas)
24 onzas

Mantequilla
75 g

Huevos
x 1

Harina
½ vaso

Preparación: 5 min

0,70 €/pers.

- Derrite la **mantequilla** con el **chocolate** en trozos durante 3 min en el microondas. Añade la **harina** y remueve. Incorpora el **huevo** batido y mezcla de nuevo.
- Vierte la **pasta** en una bandeja forrada con papel sulfurizado húmedo. Hornea 10 min a 230 °C, con calor arriba y abajo. Degusta frío, cortado en cuadrados.

CRUMBLE DE ALBARICOQUES

Minihorno:
35 min
Horno clásico:
35 min a 200 °C

Azúcar
4 cucharadas

Albaricoques
x 6

Harina
6 cucharadas

Mantequilla
75 g (a temperatura ambiente)

Preparación: 10 min

0,80 €/pers.

- Con la yema de los dedos, mezcla la **mantequilla** cortada en trozos, la **harina** y el **azúcar** para obtener una masa para crumble.
- Distribuye en una bandeja para el horno los **albaricoques** sin el hueso y cortados por la mitad, y luego incorpora la **masa.**
- Hornea 35 min a 230 °C, con calor arriba y abajo.

ROLLITOS DE HOJALDRE CON MERMELADA

Minihorno:
30 min
Horno clásico:
30 min a 200 °C

Pasta de hojaldre
x 1

Mermelada (al gusto)
1 cucharada

Almendras fileteadas
1 vaso

Preparación: 5 min

0,65 €/pers.

- Extiende la **masa,** úntala con **mermelada** y reparte las **almendras fileteadas** (reserva algunas). Enrolla la **pasta** apretándola bien, y córtala en 10 rodajas gruesas.
- Pon los rollos sobre un trozo de papel sulfurizado, esparce las **almendras** restantes y hornea 30 min a 230 °C, con calor arriba y abajo.

TARTA DE LIMÓN

Minihorno:
20 min
Horno clásico:
20 min a 200 °C

Pasta sablée
x 1

Limones
x 3

Huevos
x 4

Azúcar
1 vaso (100 g)

Mantequilla
100 g

Azúcar glas

Preparación: 5 min

0,40 €/pers.

• Derrite la **mantequilla** 30 s en el microondas. Añade el **azúcar**, los **huevos** batidos y el zumo de 2 **limones.** Extiende la masa con el papel sulfurizado sobre la placa del minihorno, levanta los bordes, vierte la mezcla y cubre con rodajas de **limón** muy finas.

• Hornea 20 min a 230 °C, con calor arriba y abajo, y degusta caliente o fría, espolvoreada con **azúcar glas.**

ROLLITOS CARAMELIZADOS DE MANZANA

Minihorno:
25 min
Horno clásico:
25 min a 200 °C

Pasta de hojaldre
x 1

Manzana
x 1

Azúcar
2 cucharadas

Preparación: 10 min

0,35 €/pers.

- Corta la **manzana** en láminas.
- Extiende la **masa** y espolvoréala con 1 cucharada de **azúcar.** Córtala en 8 tiras y reparte las láminas de **manzana** por encima de las tiras, y luego enróllalas.
- Espolvorea los rollitos con el **azúcar** restante y hornea sobre la rejilla forrada con papel sulfurizado 25 min a 230 °C, con calor arriba y abajo.

FONDANTS DE CHOCOLATE INDIVIDUALES

Minihorno:
10 min
Horno clásico:
10 min a 200 °C

Chocolate negro
29 onzas

Mantequilla
75 g (a temperatura ambiente))

Huevo
x 1

Harina
3 cucharadas

Preparación: 5 min

0,60 €/pers.

- Derrite la **mantequilla** con el **chocolate** en trozos 3 min en el microondas. Añade la **harina** y remueve. Incorpora el **huevo** batido y mezcla de nuevo.
- Vierte la pasta en dos cuencos, introduce 2 onzas de **chocolate** en el centro y hornea 10 min a 230 °C, con calor arriba y abajo.

PUDIN DE MANZANA Y BRIOCHE

Minihorno:
30 min
Horno clásico:
30 min a 200 °C

Manzana
x 1

Leche
1 ½ vasos

Huevo
x 1

Azúcar
1 vaso

Brioche
4 rebanadas

Preparación: 5 min
Remojo: 5 min

0,45 €/pers.

- Bate el **huevo** con un tenedor y añade la **leche** y el **azúcar.** Humedece en la mezcla las rebanadas de **brioche** cortadas por la mitad. Pela la **manzana** y córtala en láminas finas.
- Disponlas en una bandeja con las rebanadas de **brioche** y la mezcla de leche, huevo y azúcar. Hornea 30 min a 230 °C, con calor arriba y abajo.

CREPS CARAMELIZADOS A LA NARANJA

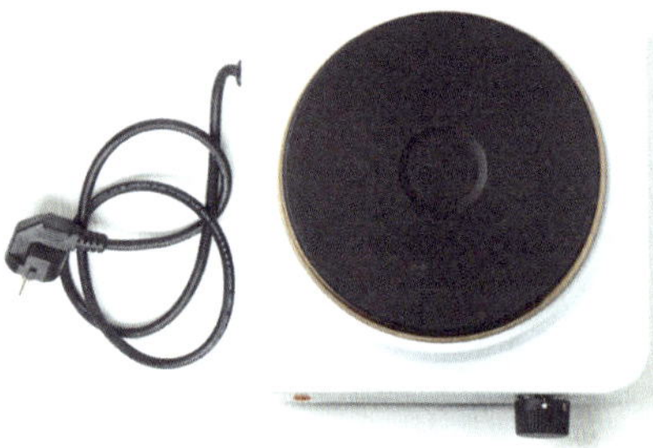

Placa:
15 min

Creps
x 4

Zumo de naranja
2 vasos

Azúcar
x 15

Preparación: 5 min

0,30 €/pers.

- Pon los terrones de **azúcar** y el **zumo de naranja** en una sartén a fuego vivo.
- Cuando alcance el punto de ebullición, deja cocer 5 min. Baja el fuego, añade los **creps** y déjalos calentar 5 min, rociándolos con el zumo, hasta que este se caramelice.

SUMARIO

PLATOS ÚNICOS

POSTRES

ÍNDICE DE RECETAS POR INGREDIENTES

J.-F. Mallet
SIMPLÍSIMO
EL LIBRO
DE COCINA
+ FÁCIL
DEL MUNDO
LAROUSSE

J.-F. Mallet
SIMPLÍSIMO
EL LIBRO
DE POSTRES
+ FÁCIL
DEL MUNDO
LAROUSSE

J.-F. Mallet
SIMPLÍSIMO
EL LIBRO
DE COCINA
LIGHT
+ FÁCIL DEL MUNDO
LAROUSSE

J.-F. Mallet
SIMPLÍSIMO
EL LIBRO
DE COCINA
VEGETARIANA
+ FÁCIL
DEL MUNDO
LAROUSSE

EDICIÓN ORIGINAL
Dirección: Catherine Saunier-Talec
Responsable artístico: Antoine Béon
Responsable editorial: Céline Le Lamer
Maquetación de interiores: Marie-Paule Jaulme

EDICIÓN EN ESPAÑOL
Dirección editorial: Jordi Induráin
Edición: Àngels Casanovas
Traducción: Imma Estany
Corrección: Àngels Olivera
Maquetación y preimpresión: Marc Monner

Título original: *Simplissime. Le livre de cuisine pour étudiants le plus facile du monde*

Rosa Sensat 9-11, 3.ª planta
08005 Barcelona
Tel.: 93 241 35 05
larousse@larousse.es - www.larousse.es
facebook.com/larousse.es - @Larousse_ESP

ISBN: 978-84-17273-78-1
Depósito legal: B-24465-2018
Impreso en España - *Printed in Spain*
1E1I